Data Science on Discussion
Symbiosis of Human and Artificial Intelligence
Katashi Nagao

ディスカッションを科学する

人間と人工知能の共生

長尾 確

慶應義塾大学出版会

　ディスカッションは、自分の意見を相手に伝えて、相手からの質問に適切に答えるという、日常の会話にもよく現れるようなものです。しかし、ただの雑談より少し高度なものです。コミュニケーションが上手な人というのは、たいていこのディスカッションがうまい人です。

　一般にコミュニケーション能力という場合、相手の気持ちを考えるとか、周りの空気を読むなど、より複雑なことができる能力だと思われるかもしれませんし、実際そうなのだと思いますが、いずれは身につけなければならない本質的な能力は、ディスカッションをする能力なのです。

　またこの本では、3つの非常に重要な、技術的概念についてご説明したいと思います。1つ目は、データアナリティクスというもので、客観的事実（データ）を大量に集めて、確率・統計的に分析し、新しい発見をするための学問体系です。2つ目は、自然言語処理というもので、人間の言葉を解析・生成するための技術です。3つ目は、ゲーミフィケーションというもので、日常的活動にゲーム要素（得点を取って競わせたり、目標の難易度を少しずつ上げていって達成感を与えたりする、など）を導入する方法論のことです。

　この3つが、ディスカッションの能力を効率よく上げていくために、重要な役割を果たしています。データアナリティクスは人間の行動の客観的な分析のために、自然言語処理はとくに言葉に含まれる特徴を抽出し利用するために、ゲーミフィケーションは人間の行動に動機づけを行うために利用されます。ディスカッションの能力を鍛えるやり方は、スポーツの上達法に似ています。つまり、自己分析と、弱点を克服し長所を伸ばすための練習が必要なのです。

　ただし、スポーツと異なるのは、ディスカッションは知的な活動であり、そのデータはおもに言葉で構成されるということです。言葉の分析に関する技術はかなり進んでいるものの、その意味的な内容を高い精度で解析するのはまだ非常に困難です。そこで、ある工夫をします。それは人の発言に属性をつけるというものです。自分がこれから話す内容は、前の人の話に関係があるか、それとも、それとは別の新しい話をするのか、どちらかを決めて、自分の発言に印をつけるの

です。これは、もちろん人間ならその話をちゃんと聞けば、そんな印などなくても理解できるでしょう。しかし、機械がそれを判断するのはかなりむずかしいことなのです。それに、人が自分の話はこれまでの話の流れとどう関係があるのか、ということをつねに意識しているか、というと、意外にそうでもないことがわかります。じつは、発言する人が他の人の話を聞いて、そのつながりを考えて話すことは機械にとっても人間にとってもよいことなのです。

さて、ディスカッションにデータアナリティクスをどのように適用するかですが、最も簡単な分析は、個人ごとの発言の回数を調べることです。1年ほどデータを取り続けてまずわかることは、発言の回数の多い人は回数の少ない人に比べて確かにコミュニケーション能力が高いということです。あまり内容のない発言をたくさんする人がたまにいますが、私たちのつくったミーティングシステムの運用方針では、他の人の発言をよく聞いてから話すようになっているので、できるだけ他の人の発言に関連のあること、あるいは関連はないが質問内容がはっきりしていること、を発言しようとする傾向があるようです。

次に、ある発言とその前の発言の関係を調べます。これは、発言に対するメタデータがあることで分析が容易になります。分析の結果わかったことは、ディスカッションの上手な人は、自分の発言に誰かが関連のある発言をした場合、例えば自分の質問に誰かが応答した場合、さらに続けて関連した発言をする傾向があるようです。つまり、関連のある発言を連続的にできる人はコミュニケーション能力が高いということでしょう。

データアナリティクスを使うことで、このようなことが明確な根拠をもって説明することができるようになるのです。

一方、ゲーミフィケーションとはどういうものでしょうか。日常の活動にゲーム的な要素を適用するなんてことは、別に最近始まったことではありません。学校で先生が生徒に問題を出して、最初に解けた者をみんなの前で称賛することは昔からよくありますし、兄弟で最初に逆上がりできたほうにおもちゃを買ってあげる、ということもありました。

課題の達成に対して報酬を与える、複数人で競争させる、熱が冷める前にわかりやすい形で結果が見える、などということはゲームにとっての重要な要件ですが、それを日常的な活動に適用して、動機づけを図るというのは珍しいことでも何でもないでしょう。

それにもかかわらず、それにゲーミフィケーションなどという大そうな名前を
つけて、体系化しようとするのはなぜなのでしょう。それには、IT（情報技術）
が大きくかかわってきます。ここでも重要になるのはデータです。IT は要するに
電子化されたデータを処理して人間の都合に合わせてくれるしくみですから、ゲー
ミフィケーションもデータを積極的に活用して、その効果を拡大させることがで
きます。例えば、ちょっとしたアンケートならスマホなどを使って簡単に答える
ことができ、すぐに集計して全員に見せることができます。同様のアンケートを
別の集団に行った過去のデータがあれば、その比較と統計的処理もすぐに行って、
人に考えるきっかけを与えてくれます。このようにデータがあればできることが
変わってくるのです。

　そこで、ディスカッションをゲーム化してみたいと思います。ディスカッショ
ンをゲーム（というか競技）のようにしたものにディベートがあります。ディ
ベートには明確なルールと枠組みがあって勝敗を決めるものです。ある問題、例
えば「憲法を改正すべきか」などが与えられて、賛成と反対に分かれて議論して、
どちらの主張により説得力があるかを競います。これは、ディスカッションのよ
いトレーニングになるでしょう。しかし、私たちが普段行っているコミュニケー
ションとはかけ離れています。私たちは自分たちのものの考え方や経験をベース
にして意見を言います。そのような意見をどうしたら効果的に相手に伝えられる
かを考えてトレーニングするほうが建設的です。それにはディベートは適切では
ありません。では、どうすればよいのでしょうか。

　ディスカッションがうまくなるためのトレーニングにディベートのようなルー
ルは必要ありません。しかし、何の制約もないわけではありません。ゲーミフィ
ケーションを導入するために、少なくとも次のことをやる必要があります。まず、
発言をするときに自分が誰であるか、自分の発言が前の発言と関連があるか、を
入力するのです。これも IT を使って簡単に、前者に関しては自動的に入力でき
るようにします。次に、誰かの発言が終わったら、その発言を評価します。この
評価というのはちょっとむずかしいことなのですが、ここでは簡単に、その発言
に納得したか、しなかったか、を Yes か No かで入力することだと思ってくださ
い。実際は、もう少し複雑なことも入力しなければならないことがありますが、
それはゲームでいうところのステージが進んだら、ということになります。

　このように IT を使って、ディスカッション能力を鍛える方法は非常に有効で

す。私たちはそのための研究を 10 年以上にわたって行ってきました。この本はその研究成果を読者のみなさんと共有するために書かれています。また、その研究内容を理解していただくために、とくにデータアナリティクスやゲーミフィケーションについて解説します。もちろん、IT の最先端である人工知能、とくに機械学習やデータマイニングについても触れてみたいと思います。

　読者のみなさんがいつかディスカッションやコミュニケーションを得意なものとしていただければ望外の喜びです。

第8章│人間の能力を拡張する —————— 160

第9章│おわりに ―人間と人工知能の共生 —————— 175

第1章 ディスカッションの構造とその利用

　ディスカッションは、緩い型（あるいは制約）をもったコミュニケーションと考えることができます。なぜなら、日常的な会話のようなコミュニケーションに比べて、考えるべきことが多いからです。例えば、今の話題を膨らませるか、収束させて次の話題に移行するか、などです。そこで筆者らは、ディスカッションにおける発言を「導入」と「継続」に分けることにしました。導入発言は新しい話題について発言するもの、継続発言は今の話題を続けて発言するものです。この分類は現在のところ手動で行っていますが、機械学習を行うことで自動的に行うことができるようになります。

　もう1つの制約として筆者らは、ディスカッションを木構造の集合として捉えることにしました。木構造とは、根（ルート）とよばれる1つの点から階層的に複数の点に派生していく構造です。1つの木構造が1つの話題に関するディスカッションの構造を表現します。このとき、木構造の各点つまりノードは発言であり、点と点をつなぐリンクは発言間の関係となります。

　木構造にすることによって、さまざまな計算アルゴリズムが適用できます。例えば、ルートからの距離に基づいてノードの選別をしたり、同じノードを親（直接関係がありよりルートに近いノード）とする複数のノード（兄弟ノード）を比較することで、細かい話題のちがいを調べたりするなどです。

　また、複数のディスカッションを関連づけるために、それらのディスカッションで使用した資料（おもに PowerPoint のようなプレゼンテーションスライド）を使って、複数の木構造のあいだにリンクをつけたグラフ構造を生成します。木構造とグラフ構造のちがいは、グラフには一般にルートがなく、親とよべるようなノードが必ずしもないことです（正確には、木構造はグラフ構造に制限を加えたものです）。

　ディスカッションをこのように構造化することで、科学的分析の対象となるデータとすることができます。ただの発言の集合としてディスカッションを捉えると

見逃してしまうことがいろいろあります。例えば、どの発言とどの発言のあいだにどんな関係があるのか、ということです。ある人が質問して、別の人がそれに答えた場合、その質問と回答には明確な関係があります。ある人の発言に対して、別の人が補足説明を述べることもあります。これらの発言のあいだにも、後者が前者を補足する（情報を追加する）という関係があります。ディスカッションの構造化というのは、このように発言のあいだに関係をつけることなのです。

ディスカッションひいてはコミュニケーションの基本的な能力とは、このような「他の発言に関係のある発言」ができる能力のことだといえるでしょう。この能力が低いと、他とあまり関係ないことばかり言って、周囲を混乱させ、時間を無駄に費やしてしまうことになります。

ただし、他者の意見に対して「私もそう思う」のように同意するだけの発言ばかりするのも適切ではありません。多数決で決定する場合を除いて、同意するという意思の表明だけでは不十分なことが多いでしょう。やはり、何か情報をつけ加えるような発言をするべきなのです。このような同意をするだけの場合は、発言をするのではなく、同意する対象の発言に属性をつけるというやり方のほうがよいでしょう。ディスカッションの構造化には、発言に別の発言を関係づけることだけでなく、ある発言に属性をつける（賛成する・反対する、など）ことも含まれます。

この発言に対する属性には、その発言に対する評価も含まれます。つまり、自分以外の人の発言に点数をつけるのです。これは、その発言に賛成・反対するという態度を示すとは異なり、その発言の質が高いかどうかを判断して属性をつけるというものです。

ある発言に関係のあることを言う、または、ある発言をよく聞いて評価する、などのことによって、ディスカッションの構造が形成され、また、発言者の能力も上がっていくのです。そして、その構造は人間のためだけでなく、機械のためにも有効であり、さらに機械が人間を支援してくれるようになるのです。構造をもったデータを機械が活用するための手段としてデータアナリティクスという技術があります。それは、人間がそのデータの特性をよりよく理解するための技術でもあります。

また、人間の言葉を解析するための自然言語処理という技術もあります。本書で紹介する、ディスカッションを分析して評価するしくみも自然言語処理とデー

タアナリティクスを用いています。

　さて、筆者らが考案した、ディスカッションを構造化して利用するしくみについて詳しく見ていきましょう。

■ 1.1　ディスカッションマイニングシステム

　大学の研究室において定期的に行われるセミナー形式のミーティングは、研究内容に関する意見交換が交わされる場であり、今後の課題となるような発言も多く含まれます。しかし一般にこのようなミーティングにおけるディスカッションは詳細に記録されることはなく、課題の発見のために利用することはむずかしいでしょう。これに対して筆者らの研究室では、メタデータを付与しながら対面式の会議の内容を過不足なく記録するシステムを開発・運用しており、これを基に議論内容の振り返りなどの支援を実現しています[1]。発言において示された課題を振り返ることは活動における新たな目標設定をするうえで必要不可欠ですが、その存在は議事録においてその他の多くの発言に埋もれてしまうことがあるでしょう。

　そこで筆者らは、議論内容に対するデータマイニングを実現するディスカッションマイニング（以下、DM）とよばれるしくみと、能動学習とよばれる機械学習手法を組み合わせることによって、学生の研究活動における課題遂行を支援するシステム、およびそれを長期にわたって運用するためのしくみを実現しました。

　名古屋大学長尾研究室では、このしくみを利用して10年以上にわたって研究室におけるミーティングを詳細に記録しています。DMシステムは、参加者全員が協力して構造化議事録を作成し、利用するためのシステムです。このシステムは全自動システムではなく、書記が手動で発言内容を記述し、各発言者が自分の発言にタグづけを行うシステムです。そのため、かなり精度のよいデータを生成できます。

　本章の冒頭で述べたとおり、発言に付与するタグには2種類あり、1つは新しく話題を導入する導入発言というタグ、もう1つはすでに議論されている話題を継続する継続発言というタグです。継続発言の場合、どの発言から継続しているかについても明確にする必要があります。つねに発言者が自分の発言に属性をつけ、他の発言と関連づけていくことによって、議論は木構造を構成します。この

木構造は、ミーティング中にリアルタイムに可視化され、議論を俯瞰するために利用されます。

　DM システムが支援している会議スタイルは、発表者がスライドを表示しながらその説明を行い、発表の途中あるいは終了のタイミングで会議参加者との質疑応答が始まるというものです。

　具体的には、図 1.1 のようなディスカッションルームに設置された複数のカメラとマイクロフォン、そして筆者らが作成した発表者・書記用ツールを用いることで会議内容を記録します。また、ディスカッションルーム中央には発表資料やデモのようすを映し出すメインスクリーンが設置されていて、その両側には現在発言している参加者の情報やカメラ映像を表示するためのサブスクリーンがあります。

　DM システムは、発表者によるスライド発表と続く参加者との質疑応答を分節して記録します。その結果、図 1.2 に示すようなコンテンツ（ディスカッションコンテンツ）が記録・生成されます。

　すべての参加者は、図 1.1 の右下に示したディスカッションコマンダーとよばれる専用の携帯型デバイスを用いて、前述のように、自分の発言に関するメタデータを入力します。具体的には、新しい話題に関する質問やコメントを発言する参

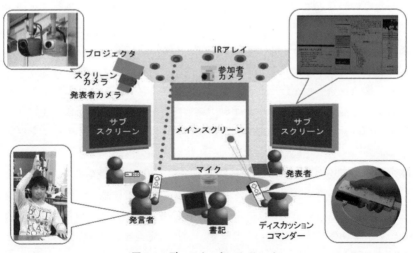

図 1.1　ディスカッションルーム

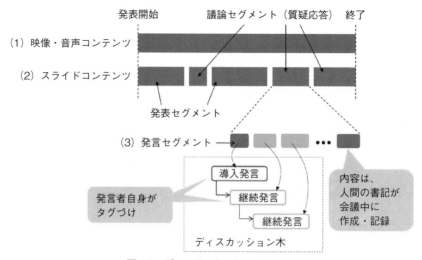

図 1.2 ディスカッションコンテンツ

加者は、自分の発言に「導入」タグを付与します。また、直前の発言に密接に関連した発言を行いたい場合は「継続」タグを付与します。さらに、スライドに対するポインター指示（レーザーポインターみたいなもの）、場所・時刻の記録、発表中や質疑応答中の発言に対する賛成／反対ボタン情報、重要箇所のマーキング情報も記録しています。

　筆者らは記録されたデータを検索・閲覧するためのシステムも実現しています。会議内容閲覧システムでは、日付や参加者情報から議事内容の検索、現在進行中の議論と類似した過去の議論の閲覧、議論のようすの効果的な可視化などが行えます。

■ 1.2　ディスカッションの構造化

　会議に関するメタデータを取得する方法には、ミーティングブラウザ[2] のように自動認識技術を用いる方法と、会話量子化器[3] のように人間がデバイスやツールを用いて入力する方法があります。前者の方法は、メタデータの取得時における人間の労力は非常に少ない代わりに、必要な情報をコンピュータですべて自動的に記録することは現状ではとても困難です。つまり、簡単なキーワードによる

発言の検索は可能でも、閲覧した際に内容を十分に理解できるほどの情報量はもっていないでしょう。そのため筆者らは、これらのメタデータを人間と機械が協調的に入力する方法を採用しています。

発表者が専用ツールを用いて発表用スライドをシステムに送信し、ミーティング中にスライドの切替タイミングを伝達することで、自動的にスライド情報が記録されます。また、参加者は全員、前述のディスカッションコマンダーとよばれる携帯デバイスを用います。

このデバイスを上に掲げることによって、発言者の名前や発言者の座席位置に加え、発言の開始時間や発言タイプが記録されます。また、発言の終了時間はデバイスのボタンの押下によって入力されます。発言の開始・終了時間を取得することにより、発言ごとに映像・音声の情報に区切りを入れます。また、デバイスのボタンの押下によって、発言に対する態度（賛成あるいは反対）を表明したり、自身にとって重要な意味をもつ発言に対してマーキングを付与したりすることができます。

また DM システムでは、クロストーク（複数の発言が時間的に重なること）がないように、参加者の発言の順番を制御するためのしくみとして、発言予約機能を備えています。誰かの発言中にディスカッションコマンダーを上に掲げた場合は発言予約リストに加えられ、直前の発言が終了すると自動的に発言権が移り替わります。発言の順番は、以下のルールに基づき変動します。

● 発表者の入力した予約は他の予約より優先される
● 導入と継続の予約が両方存在するときは、現在の話題を継続して行えるように継続の予約が優先される

この発言予約機能は、発言の順番を制御するだけでなく、人間の意図をより反映した議論構造を作成するためにも利用されます。発言予約機能を利用せずに、発言タイプのみを利用した場合、作成される議論構造は導入発言を起点とするリスト（1次元の配列）構造となります。しかし、1つの発言の内容に対して複数人がさまざまな視点から意見を述べた場合の議論構造は、リスト構造ではなく木構造であると考えられます。そのため DM システムは、誰かが発言を行っている最中に「継続」の予約が追加された場合、その継続発言と現在行われている発言とのあいだにリンク情報を生成します。つまり、発言中に複数の予約が追加された場合、1つの発言に複数の継続発言が連なる木構造が自動的に作成されます。こ

の木構造をここではディスカッション木とよびます。

　この木構造の根（ルート）は導入発言で、それ以外はすべて継続発言です。ある1つの発言に対して同時に複数の継続発言がつくと木の分岐が増えます。先行する発言に継続発言がつき、さらにそれを先行発言として継続発言がつくと木の枝が延び木が深くなります。

　また、書記は専用ツールを用いて発言内容の記録を行います。このツールは各発言者のディスカッションコマンダーと連動していて、発言者が発言を開始すると、書記ツールに発言者と発言タイプの付与された「ノード（木の節点）」が自動生成されます。書記は、このノードを選択することで議論コンテンツの発言内容を効率的に記録することができます。

■ 1.3　ディスカッションの要約

　このようにディスカッションを構造化すると、その要約をつくることが容易になります。ディスカッションの要約とは、おもに重要な発言を含み、そうでない発言をできるだけ省略した表現です。重要な発言とは、参加者の思考や意見に大きな影響を及ぼしたり、ディスカッションをより活発化したり、上手にそれまでのディスカッションをまとめたりするものです。発言の重要さに影響を与える要素として考えられるのは、その発言の枝分かれ数の多寡（その発言に続く継続発言の数）、より長い枝（多くの発言のつながり）上にあるか、発言者の社会的地位（社会的影響力）、それにつながる継続発言の累積数などでしょう。どの発言が重要かを判定したい場合に、一様に導入発言が重要とは限りませんし、特定の発言者の発言がつねに重要とも限りません。

　そこで、筆者らは活性拡散とよばれるしくみによって、重要な発言を発見するアルゴリズムを考案しました[4]。これは、発言をノードとし、ディスカッションの構造に関するリンク（継続関係）とスライドへの指示に関するリンク（同一の指示対象をもつ発言同士をリンクする）を考慮したネットワーク上の活性拡散によって、重要なノードを発見する手法です。

　活性拡散は、図1.3のようなノードとリンクで表されるネットワークにおいて、ノードの活性値がリンクを通じて近接するノードへ拡散する計算モデルです。つまり、活性値の高いノードとの距離が近いノードはそれらの活性値も高くなり、

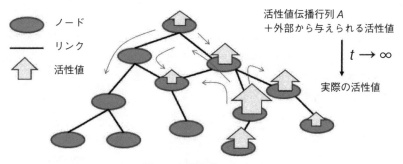

図1.3　活性拡散のしくみ

逆に距離が遠いノードは活性値も低くなります。この手法を適用することで、ネットワーク内にある全ノードに対する各ノードの相対的な活性値を計算することができるのです。

　具体的な計算手法は以下のとおりです。まず、ネットワーク内に存在するノードの数を n としたとき、各ノード間のリンクの有無を表す行列 A（これを活性値伝播行列とよびます）を作成します。ここで $a(i, j)$ の値は、ノード i とノード j のあいだにリンクが存在すれば1、存在しなければ0とします。このとき、行列 A を用いて活性拡散の重みに関する行列 W を作成します。行列 W は A のそれぞれの行の値をその行の非零要素数で割った $n \times n$ 行列です（これは活性拡散を収束させるためのものです）。次に、各ノードからネットワーク全体に拡散する一定の活性値を表すベクトル C を導入します（図1.3 の上向きの矢印）。W と C は以下のような行列およびベクトルです。

$$W = \begin{pmatrix} w(1,1) & \cdots & w(1,n) \\ \vdots & \ddots & \vdots \\ w(n,1) & \cdots & w(n,n) \end{pmatrix} \quad C = \begin{pmatrix} c(1) \\ \vdots \\ c(n) \end{pmatrix}$$

ここで $c(i)$ の値はノード i に与えられる定数（外部入力値とよばれます）です。

　そして漸化式 $X_0 = C$、$X_{t+1} = W \cdot X_t + C$ を解くことでステップ $t (= 0, 1, 2, \cdots)$ のときにおけるネットワーク内の活性値が求まります。X_t は以下のようなベクトルです。

$$X_t = \begin{pmatrix} x(t,1) \\ \vdots \\ x(t,n) \end{pmatrix}$$

ここで $x(t,i)$ はステップ t におけるノード i の活性値を表します。最後に $t \to \infty$ として ネットワーク内における各ノードの活性値を算出します。また、$t \to \infty$ としたとき、上記の漸化式は $X = W \cdot X + C$ のように表せるので、$X = (I - W)^{-1} \cdot C$ となります（ただし I は単位行列を表します）。

　筆者らのつくったしくみで構造化されたディスカッションを効率的に閲覧するために、閲覧の目的に応じた重要性の高い発言を選別するしくみを実現しました。具体的には、議論構造と指示行為から得られたリンク情報から各発話をノードするネットワークを構成し、賛成／反対ボタン、マーキング等から各ノードに与える活性値（外部入力値）を算出し、活性拡散アルゴリズムを用いて全発言の重要度のランクづけとフィルタリング（重要度の低い発言を隠す処理）を行います。

　例えば、発言 i の継続発言が j の場合、発言 i と発言 j のあいだにリンクを付与します。これを繰り返すことで、導入発言で始まるディスカッションごとに発言のネットワークが形成されます。さらに各ディスカッションにおける導入発言をある仮想的なノードとリンクさせます。これより、記録されたすべてのディスカッションが 1 つのネットワーク構造で表現されます。そして、このネットワーク構造に対して活性拡散アルゴリズムを実行し、各発言の相対的な活性値を求めることができます。各ノードに与える外部入力値として、会議時に取得したさまざまなメタデータを考慮した値を用います。具体的なメタデータとしては、発言タイプ、賛成／反対のボタン情報、マーキング情報、発言者名、発言に含まれるキーワードなどがあります。ただし、導入発言はディスカッションにおいて継続発言の前提となる発言であるため、継続発言より活性値が高くなるように設定してあります。

　閲覧者は図 1.4 に示すウィンドウを用いて各メタデータをどの程度重要視するか指示します。閲覧者はこのしくみをインタラクティブに利用して、自身の閲覧目的に適合した発言集合を発見することができます。例えば、導入発言の重要度が高くなるようにすれば導入発言と同じ話題をもつ発言集合を、賛成ボタン情報の重要度を高くすれば多くの賛成を得られた発言集合を効率的に発見することが

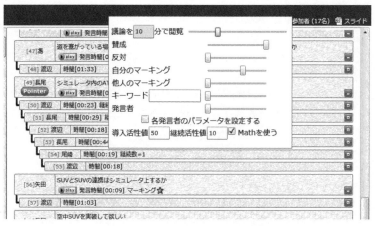

図 1.4　要約のためのパラメータ調整

できるのです。

　ディスカッションの内容を閲覧するために、筆者らはディスカッションブラウザとよばれるシステムを作成しました。これは Web ブラウザで利用できるアプリケーションなので、特別なソフトウェアを自分の PC にインストールすることなく使うことができます。このシステムの画面は図 1.5 のようになっています。

　このシステムを使うことで、前述の要約や、発言のビデオの閲覧などができます。筆者らは、普段行っているディスカッションをとても重要なものと考えていますので、ささいな内容でもできるだけ有効に活用しようと思っています。しかし、内容が増えていくにつれて、1 つ 1 つのディスカッションを詳細に見ていくことが困難になっていきます。たとえ、要約によって重要な部分を自動抽出できるとしても、複数のミーティングにまたがって見ていくのはやはり面倒でしょう。そこで、ただ要約するのではなく、自分にとって有益な情報を自動発見してくれるしくみが必要になってきます。

■ 1.4　ディスカッションからの課題の発見

　先に述べたように、筆者らのミーティングでは、発表者に対してさまざまな助言が与えられます。そのなかには、近い将来に行うべき課題に関する提案がなさ

ビデオビュー (上から、発表者、メインスクリーン、参加者)
スライド一覧ビュー (表示順)　　　　　検索メニュー
ディスカッションビュー (ディスカッション木)

階層シークバー

図1.5　ディスカッションブラウザ

れます。しかし、このような提案はミーティングが終わると一般に忘れられてしまうため、自動的に課題を発見して、発表者に教えてあげるしくみが有効です。このようなしくみもディスカッションを構造化して分析することによって可能になります。

　筆者らのしくみでは、課題を含む発言は、以下のいずれかの条件に該当する発言の組と定義されています[5,6]。

1. 会議中に新たに提案・指摘・要望があり、実施すべきだと発表者が会議中に判断した作業内容を含む

2. 実施するか否か、あるいは、どのように実施するかを、会議後に検討すべきであると発表者が会議中に判断した作業内容を含む

3. 発表者にとって既知であるものの、発言時点ではまだ実施されていない作業内容を含む

これまでに述べたように、ディスカッションは発表者と複数の参加者間の質問・意見とそれへの応答から構成されます。とくに、ある議題について定期的に発表・報告する種類の会議（セミナー）では、おもに、参加者による発言とそれを

受けた発表者による応答によって議論が進行します。このため筆者らは、参加者の発言とそれに対する発表者の応答の組を対象に、課題発言であるか否かを判定しています。ただし、発表者が続けて複数回発言した場合は、それらをまとめて1つの発言とします。また、発表者の応答がない参加者の発言や、誰の発言も受けていない発表者の発言は、単独で課題発言か否かを判定します。発言の組の例を図 1.6 に示します。

以下に、筆者らのディスカッションから手動で発見した課題発言の例として、参加者の発言とそれに対する発表者の応答を挙げます。

(1a) 現在のパワーポイントの資料のなかにあるフレーズを利用するなど、ダイナミックな予想のしくみがあるとよいと思う。

(1b) 現在のスライドを利用するのはぜひやりたいと思う。

発言 1a で参加者が発表者に助言し、発言 1b で発表者が「ぜひやりたい」と実施する意思を表明しており、先ほどの条件 1 に当てはまります。

(2a) 特定の番号を押せばすぐに移動できるような機能があればうれしい。

(2b) 数字をそのまま入力すると他の入力と競合し、Shift などと一緒に押すと他のショートカットと競合しそう。

発言 2a で参加者が発表者に要望を伝えているのに対し、発言 2b では発表者は要望実現にあたっての問題点に言及していて、この時点では実施すべきとの判断には至っていません。実施するか否か、あるいは、どのように実施するかを検討する内容を含むため、条件 2 に当てはまります。

(3a) 長尾研の学生を対象とするのなら予測変換での文字入力に慣れていないと思うのでその予測変換に慣れる機会をつくり、慣れた状態で書記ツールを使えばそこそこ使われると思う。そういうのはどうか。

(3b) 慣れる機会を設けるつもり。

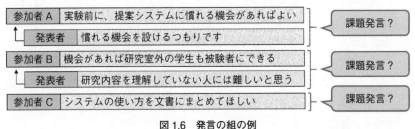

図 1.6　発言の組の例

発言 3a で参加者が発表者に提案し、発言 3b で発表者がその提案を実行予定であることを述べていて、条件 3 に当てはまります。

■ 1.5 機械学習の利用

課題発言の発見は、人間がコンピュータに判別のための情報（教師信号とよばれます）を与えることによってコンピュータが学習を行う、いわゆる教師あり学習（第 2 章で詳しく述べます）によるものであり、その判別結果は学習に利用した過去のディスカッション（訓練データセットとよばれます）に依存します。

課題発言の発見のアルゴリズムは次のようになります。

- 過去のディスカッションコンテンツから人手で作成した正解データ（教師信号）を用いて、ロジスティック回帰分析（第 2 章で詳しく説明します）によって確率モデルを生成する
- 生成した確率モデルを用いて、議事録中の発言の組が課題発言である確率を算出する
- 確率値が閾値（例えば 0.5）を超えた発言を課題発言として抽出する

機械学習では、入力として n 次元のベクトルを用います。このベクトルの要素として、次のものを用いました。

A 発表者名

B 参加者の発言に関する情報

　(1) 発言の開始時刻

　(2) 発言者の属性（教員／学生）

　(3) 発言の属性（導入／継続）

　(4) 発表者によるマーキングの有無

　(5) 発言の文字数

　(6) 発言中に含まれる文の種類

　(7) 発言中に出現する形態素（文の構成要素の基本的単位）、形態素バイグラム（2 種類の形態素の共起パターン。第 3 章で詳しく説明します）

　(8) 発表者の応答があるか否か

　(9) 発表者の発言に関する情報

C 発表者の発言に関する情報

(1) 発表者によるマーキングの有無

(2) 発言の文字数

(3) 発言中に含まれる文の種類

(4) 発言中に出現する形態素、形態素バイグラム

発言の開始時刻については、会議全体の時間を 20% ごとに 5 つの区間に分割し、参加者の発言開始時刻がどの区間内にあるかの値を用いました。

発言の文字数については、参加者の発言と発表者の発言のそれぞれの文字数の分布を求め、20% ごとに 5 つの区間に分割し、発言がどの区間内の文字数にあるかの値を用いました。

また、発言中に含まれる文の種類については、以下の項目の答えを値として用いました。

平叙文の過去形を含む発言か否か
平叙文の過去形のみの発言か否か
平叙文の現在形を含む発言か否か
平叙文の現在形のみの発言か否か
疑問文の過去形を含む発言か否か
疑問文の過去形のみの発言か否か
疑問文の現在形を含む発言か否か
疑問文の現在形のみの発言か否か
体言止めを含む発言か否か
体言止めのみの発言か否か
その他の文を含む発言か否か
その他の文のみの発言か否か

さらに、発言中に出現する形態素と形態素バイグラムについては、名詞・動詞・形容詞・助動詞・形態素バイグラムおのおのの出現数を事前調査によって算出して、一定値を超えたものを値として用いました。具体的には、全名詞延べ数の割合が 0.5% 以上の名詞、全動詞延べ数中の割合が 0.5% 以上の動詞、全形容詞延べ数中の割合が 1.0% 以上の形容詞、全助動詞延べ数中の割合が 1.0% 以上の助動詞、全形態素バイグラム延べ数中の割合が 0.05% 以上の形態素バイグラムを調

べて、その結果を利用しました。これについては第3章で再び説明します。

このようにして、入力を決めると、次に訓練データ（過去のディスカッションコンテンツ）を用いて、確率モデルを生成します。この確率モデルによって、入力された発言あるいは発言の組が課題発言かどうかを判別するわけです。

当然ながら、訓練データの量が少ないと判別の精度はよくなりません。そのため、精度の向上のために訓練データの数を増やすことが必要ですが、DMシステムによって記録される膨大なディスカッションコンテンツのすべての発言に対して教師信号を付与するのは非常に大きな労力がかかります。また、教師信号を正しく付与するためには、発表内容を最もよく知っている発表者自身が担当することが望ましいでしょう。すなわち、特定の人間の知識が必要な作業であるということです。このように、課題発言の教師信号は容易に作成できるものではありません。

これが、機械学習（とくに、教師あり学習）の大きなボトルネックとなる点です。この問題を解決するためには、普段、人間が行っていることがそのまま教師信号になるようなしくみを考えるのがよいでしょう。第2章では、この点についてもお話したいと思います。

第2章 データアナリティクスの基礎 ―機械学習とデータマイニング

　第1章で述べたように、ディスカッションをデータ化したあとに行うのは、そのデータの分析とその応用です。データを収集して対象となる現象の特徴を見いだす手法をデータアナリティクスといいます。そのための技術の代表的なものに機械学習とデータマイニングがあります。機械学習とデータマイニングはデータを解析して一般性や規則性を発見する手法であるという点では同様のものであり、共通点も多くあります。機械学習はデータマイニングに比べて、学問分野としても非常に多岐にわたって研究されてきています。

　機械学習は、多くの場合、確率的な計算式のパラメータの値を計算して予測モデルを生成するしくみですが、最近では画像や文の生成にも利用されています。また、脳機能をシミュレートすることを目的に考案されたニューラルネットワークを使ったしくみも機械学習の一種です。これは、大規模なネットワーク構造においてノードに実数値を割り当ててその値の組合せによって知識を表現するしくみです。その値はデータが入力されるごとに変化していきます。ノードの値は入力が行われるごとに変化しますが、その値を計算するためのパラメータは特定の値に収束していきます。

　機械学習は、すでに知っている状態に基づいて、まだ知らない状態を予測するためのしくみです。さまざまな機械学習アルゴリズムによって、データから予測モデルを作成します。データマイニングは、データからそのデータを説明する知識を発見するしくみです。

　第1章で紹介した、ディスカッションから今後やるべき課題を発見するしくみは、データマイニングの一種とよべますが、手法としては機械学習を用いています。まず、この手法について詳しくご説明したいと思います。

■ 2.1　ロジスティック回帰分析

　一般に、機械学習は既知の情報から未知の情報を予測するものですが、そのために確率モデルを用います。その確率モデルは、入力データ（説明変数とよばれます）と出力データ（目的変数とよばれます）を適切に対応づけるもので、いくつかのパラメータ（媒介変数ともよばれます）をもちます。すでに対応がわかっている入力・出力のペアを使って、パラメータを適切なものにします。これをパラメータ推定といいます。

　機械学習の手法は、確率モデルとしてどのようなものを仮定するか、パラメータをどのようにして推定するかによって、さまざまなものがあります。ここでは、ロジスティック回帰分析という手法を紹介します。それを使って、第 1 章で説明した「ディスカッションからの課題の発見」という問題に取り組んでみましょう。

　まず、第 1 章で述べたようにディスカッションにおける発言（あるいは発言の組）の特徴を数値化し、それを説明変数とします。そして、目的変数を対象となる発言が課題発言である確率とします。この確率を p とすると、対象となる発言が課題発言ではない確率は $1-p$ となります。この説明変数が n 個あるとして、その n 次元ベクトルを x、その各要素を $x_i(i=1, 2, \cdots, n)$ で表すと、以下のような式によって、説明変数と目的変数が対応づけられます。

$$p = f(x)$$

ここで $f(\ )$ は何らかの関数です。最も単純なものは以下のような一次関数とよばれる式です。

$$p = \sum_i \alpha_i x_i + \beta$$

この $\alpha_i(i=1, 2, \cdots, n)$ および β がパラメータです。

　ところで、ある事象が起こる確率を求めたいと思ったときによくやることは、その事象が起こった過去の履歴から、そのときの条件を分析して（数値化できるものなら、その値の平均値や標準偏差などを求めて）、その条件のもとでの確率分布を推定するでしょう。そのようなときに参考となる確率分布があると便利です。統計学では、昔からこの手のことがよく研究されていて、最もよく使われるものに正規分布があります。

正規分布は、平均値の付近に集積するようなデータの分布を表した連続的な変数に関する確率分布です。中心極限定理とよばれる定理により、独立な多数の確率変数（ただし、同じ確率分布に従っていないといけない）の和として表される確率変数は正規分布に従うことが示されています。このことにより正規分布は、統計学や自然科学・社会科学のさまざまな場面で複雑な現象を簡単に表すモデルとして用いられています。具体的には、データ計測の誤差は正規分布に従って分布すると仮定されて、その正しさの評価に用いられています。

　先ほどの説明変数から目的変数を求める場合も、正規分布が利用できると便利です。そこで、説明変数から目的変数を求めるための関数として、正規分布の累積確率密度関数を考えましょう。ここで、累積確率密度関数とは、確率密度関数を $-\infty$ から x まで積分したもので、値が x 以下になるときの確率値を求める関数です。ちなみに、正規分布の確率密度関数をグラフにすると、左右対称なつりがね状の曲線になり、直線 $x = \mu$（平均値）を軸に左右対称になります。おそらく正規分布と聞いて真っ先に思い出されるのは、図 2.1 に示すようなグラフでしょう。この確率密度関数を $-\infty$ から $+\infty$ まで積分した値は 1 になります。

　さて、入力と出力の組から、その間の関数を推定することを回帰分析といいます。この場合も、この関数を推定する問題になります。さらに、入力が複数の変

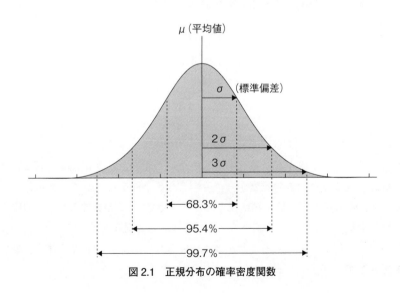

図 2.1　正規分布の確率密度関数

数からなる場合の回帰分析をとくに重回帰分析といいます。説明変数は一般に複数個あります（つまりベクトル）ので、ここでの問題は、重回帰分析の一種と捉えることができます。

しかし、正規分布の累積確率密度関数を回帰分析の対象とすると少々やっかいな問題があります。それはパラメータ推定のしくみに起因する問題です。

パラメータ推定には、一般に最尤推定という手法を用います。パラメータ w の値がわからないときは、とりあえず w' と仮定して、その仮定のもとで、実際に観測した事象が起きる確率 $L(w')$ を考えてみます。この $L(\ )$ を尤度関数といいます。$L(w')$ が最大になるような w' がパラメータ w のもっともらしい推定値です。

つまり、最尤推定とは実際に観測されたデータが最大の確率になるようにパラメータを決める、すなわち $L(w)$ が最大となる w を見つけることです。

多くの機械学習の手法では、最尤推定のために確率的勾配降下法とよばれる手法を用います。そのためには、まず最大化したい関数を微分して「勾配」を得る必要があります。ところが、尤度関数は「複数ある観測データのすべてが起こる確率」であるため、$L(w)$ は確率（予測分布関数といいます）のかけ算になります。かけ算した関数は微分してその「勾配」を求めるのが大変です。

ではどうするかというと、その関数の対数を取って足し算に変えてしまいます。都合のいいことに、対数は単調増加関数なので、対数をとっても大小関係は変化しない、最大の点は変わらないことが保証されます。この対数を取った尤度関数を対数尤度関数とよびます。

正規分布の場合、この対数尤度関数を求めるのが困難になります。それは、確率密度関数の積分の入った式を対数尤度にして、その勾配を求めるのは、かなり面倒だからです。しかもその対数尤度関数を直接解くことはできないので、近似解を求めることになります。機械学習は大量のデータに関して何度も繰り返し計算する必要がありますので、できるだけ計算は簡単なほうがよいです。それで、もともとの目的変数である確率を計算する関数として「正規分布の累積密度関数に類似した、対数尤度などの計算が楽な関数」を使ったほうがよいということなります。

そこで考案されたのがロジスティック関数というものを使った手法です。ロジスティック関数は、もともと生物の個体数の変化、人間の場合は、人口の変動をモデル化するのに利用されたためそのような名前がつけられています。

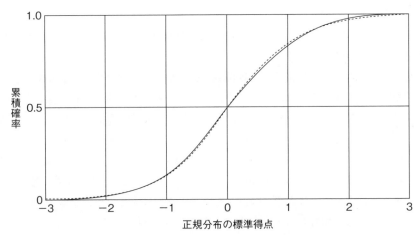

図 2.2　ロジスティック関数（点線）と正規分布の累積確率密度関数（実線）

　図 2.2 に、ロジスティック関数と、正規分布の累積確率密度関数のグラフを示します。

　このロジスティック関数を用いると、もともとの式は、次のようになります。

$$p = \frac{1}{1 + e^{-\left(\sum_i \alpha_i x_i + \beta\right)}}$$

この式は自然対数 ln を使うと次のようになります。

$$\ln\left(\frac{p}{1-p}\right) = \sum_i \alpha_i x_i + \beta$$

ここで $p/(1-p)$ をオッズ比といい、$\ln(p/(1-p))$ をロジットといいます。

　さて、パラメータ推定に最尤推定法の一つである確率的勾配降下法というやり方を用いるという話をしましたが、それをもう少し具体的に見ていきましょう。

　確率的勾配降下法では、パラメータ w をもつ関数 $f(x)$ と訓練データ $X = \{x_n\}$ に対し、$\sum_n f(x_n)$ を最大化したいとき、X から無作為に 1 つ取ったデータ x_n において、次の式でパラメータを繰り返し更新していきます。

$$w^{(i+1)} = w^{(i)} - \lambda \cdot \frac{\partial f}{\partial w}(x_n)$$

$w^{(i)}$ は i 回目の更新をしたパラメータ、λ は適当な正の値で、i が増えるにつれて小さくしていきます。

確率的勾配降下法は、勾配さえ得られればとても簡単に計算でき、高速に解を求められるという特徴があります。しかも大規模データに対して適用しやすいため、とくに最近は好んで利用される傾向にあります。

ロジスティック回帰分析における対数尤度関数は以下のようになります。

$$E(w) = \sum_{(x_n, t_n) \in X} E_n(w)$$

ただし、

$$E_n(w) = - \{t_n \log y_n + (1 - t_n) \log (1 - y_n)\}$$
$$y_n = \sigma(w^T \phi(x_n))$$

です。この対数尤度関数を最適化するには、訓練データの各点に対応する $E_n(w)$ の勾配が必要です。勾配は各成分方向での偏微分 $\partial E_n(w) / \partial w_j$ のベクトルなので、これを計算します。

ロジスティック関数の微分を ϕ で表すと偏微分の式は以下のようになります。

$$\frac{\partial E_n(w)}{\partial w} = \left(y_n - t_n\right) \phi\left(x_n\right)$$

よって学習係数（結果が収束するように調整するための係数）を η とすると、確率的勾配降下法によるパラメータの更新式は次のように書けます。

$$w^{(i+1)} = w^{(i)} - \eta \cdot (y_n - t_n) \phi(x_n)$$

学習係数 η は適当な正の値で、1 回の更新でパラメータをどれくらい動かすかを調整します。η が大きいほど学習は速くなりますが、予測確率が安定しません。そこで初期値は 0.1 くらいにして、学習が進むにつれて徐々に小さくしていく、というのが一般的なやり方です。

■ 2.2　ロジスティック回帰分析による課題発言の分類モデル

第 1 章で述べたように、セミナー形式のディスカッションは発表者と複数の参加者間の質問・意見とそれへの応答から構成されます。このため筆者らの研究では、参加者の発言とそれに対する発表者の応答の組を対象にして、課題発言であ

るか否かを判定しています。そこで、図2.3に示すような2つの発言の組の特徴を用いて、ロジスティック回帰分析を行っています。

　一つの特徴は、ベクトル化するときに、0か1かの値をもつ変数の組として表されます。この変数をダミー変数といいます。つまり、ある一つの特徴がm個のカテゴリー（場合分け）をもつとき、これをm個の変数$d_1, d_2, \cdots, d_m$で表します。この$d_i(i=1, \cdots, m)$がダミー変数です。i番目のカテゴリーに該当する場合、$d_i=1, d_j=0(i \neq j)$で表されます。m個のダミー変数は冗長性をもつので、通常は$m-1$個のダミー変数を用います。これは、例えば$d_1 \sim d_{m-1}$が0ならば、d_mが1であることがただちにわかるからです。このため、カテゴリー数が2の場合には1個のダミー変数で表されます。例えば性別を特徴とするとき、男性か女性かの2つの場合しかありませんので、ダミー変数は1個で、値は0が男性、1が女性とします。任意の実数値は、いくつかの領域に分割して、その領域の数−1個のダミー変数で表すことができます。

　さて、第1章で述べたように、課題発言とは、以下のいずれかの条件に該当する発言の組と定義されています。

- 会議中に新たに提案・指摘・要望があり、実施すべきだと発表者が会議中に判断した作業内容を含む
- 実施するか否か、あるいは、どのように実施するかを、会議後に検討すべきであると発表者が会議中に判断した作業内容を含む

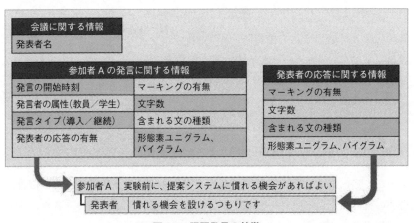

図2.3　課題発言の特徴

- 発表者にとって既知であるものの、発言時点ではまだ実施されていない作業内容を含む

そして、過去のディスカッションのデータを訓練データとして、以下のアルゴリズムによって課題発言を発見します。より正確には、候補となる発言の組に対して、それを課題発言と判定する確率を割り当てます。

- 過去のディスカッションの発言（の組）に対して、人手で作成した正解データ（教師信号）を用いて、ロジスティック回帰分析に基づく確率モデルを作成します（2.1 節で述べたやり方でパラメータ推定します）
- 作成した確率モデルを用いて、最新のディスカッションにおける発言の組が課題発言である確率を算出します
- 確率値が閾値（例えば 0.5）を超えた発言を、課題発言として抽出します

これを図にすると、図 2.4 のようになります。

ロジスティック回帰分析を含む一般化線形回帰手法には過学習（オーバーフィッティングともよばれ、訓練データに過剰に適合してその他のデータにうまく適応できなくなること）を抑えるための正則化などの概念があり、また、後述する能動学習などを取り入れられるなどの拡張性が高いために採用しました。

このような課題発言の判定のための確率モデルの作成は、人間が機械に判別クラスの教師信号を与えることによって学習を行う、いわゆる教師あり学習によるものです。そして、その精度は、学習に利用した訓練データセットに依存します。もちろん、課題発言が一般の発言と比較して明らかなちがいがあるのでしたら、機械学習などを行わなくても、判別ルールを作成できるかもしれません。しかし、発言の内容は多様であり、発言を特定のパターンに当てはめることは困難です。

データアナリティクスは実際に得られたデータから単純には見つけられない一

図 2.4　ロジスティック回帰分析による課題発言の発見

般性を導くことを目的としていますから、訓練データとして人間が地道に機械に答えを教えていき、機械学習によって少しずつ機械が賢くなっていくのを待つしかないのです。

そのため、判別精度の向上のためには訓練データの数を増やすことが必要です。しかし、DM システムによって記録される膨大なディスカッションのすべての発言に対して教師信号を付与するには非常に大きな労力がかかります。また、教師信号付与の作業は、ディスカッションの内容を最もよく理解しているはずの発表者自身が担当することが望ましいでしょう。このように教師信号の付与は、特定の人間の知識が必要な作業であり、時間もかかるものなのです。この問題を解決する方法については 2.5 節で説明します。

■ 2.3　その他の機械学習

ところで、当然ながら、機械学習の手法は先に述べたロジスティック回帰分析だけではありません。有名なものでは、サポートベクターマシン（Support Vector Machine; SVM）とよばれるものや、ディープラーニング（深層学習）（Column を参照）という領域でよく用いられるニューラルネットワークなどがあります。

ここでは、SVM について簡単に触れます。このしくみは分類に関して、すぐれた性能をもっています。分類というのは、ベクトルで表現されたデータの集合に対して、そのデータごとに付与された正解（教師信号）に基づいて、境界線を引くという問題と捉えることができます。非常に簡単に書くと図 2.5 のようになり

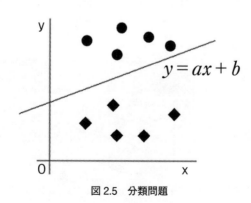

$$y = ax + b$$

図 2.5　分類問題

ます。

　このようなやり方を線形分離とよんでいます。SVM はこのような境界線（n 次元の場合は超平面）を決定するやり方に特徴があります。その特徴とは、SVM はただいくつかの点を分離する超平面を捜すことで終わるのではなく、いくつかの点を分離することができる多数の候補平面のなかからマージンが最大になる超平面を探す、というものです。ここでマージンとは、超平面から各点に至る距離の最小値をいい、このマージンを最大にしながら 2 つのクラスに点を分類しようとすると、結局ある集団に属する点との距離の最小値と別の集団に属する点との距離の最小値とが等しくなるように超平面が位置しなければならず、このような超平面をマージン最大の超平面といいます。これも簡単に書くと、図 2.6 のようになります。

　この図では、点線より、実線のほうが両者を隔てる幅が広いため、適切な境界線ということができます。訓練データを用いたパラメータ推定によって決定した境界線によって、多くの未学習データ（訓練データに含まれないデータ）の判別が可能になることを汎化能力といいます。最大マージンの中央に引いた線が、最も汎化能力が高いと考えることができるでしょう。それは、それぞれの集団に属する点から最も遠いところに境界線があるからです。

　結論として、SVM は 2 つのクラスに属しているいくつかの点を分類する多数の超平面のなかで、2 つのクラスのいくつかの点との距離を最大化するもの（最大マージン）を探すアルゴリズムだといえます。

　ちなみに、前述のロジスティック回帰分析のようなやり方は、データの性質と

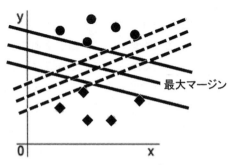

図 2.6　SVM におけるマージン最大化

して確率モデルを仮定しているのでパラメトリック法といい、SVM は確率モデルを前提としていない（あくまでデータがもつ性質のみを利用している）のでノンパラメトリック法といいます。そのため、個々のデータの分類結果がどのくらい確からしいのかを知ることはできません。

■ 2.4　機械学習の結果の評価と比較

　機械学習のやり方はさまざまですが、一般にどの手法が最適であるかを事前に知ることは困難です。そこで、いろいろな手法を試してみて、最もよい結果が得られたものを採用するという手段が採られます。

　つまり、学習手法のちがいを考えるというよりも、学習結果である確率モデル（あるいは関数）の性能で比較するということです。これは、同じ学習手法において、異なるパラメータの組合せのうち、どれがよりよいものかを選択するときにも利用されるやり方です。

　さて、教師あり学習は訓練データを用いて行われますが、結果を評価するときは、訓練データとは別の評価用データ（テストデータとよばれます）を用います。訓練データはもちろんですが、テストデータにも教師信号と同様の、正解と不正解の属性が付与されている必要があります。

　通常は、あらかじめ作成されたデータセットを、訓練データとテストデータに分けておいて、学習と評価を行います。このやり方をテストサンプル法といいます。まず元のデータを、訓練データとテストデータにランダムに分割します（分割の比率は、テストデータを $1/3$、訓練データを $2/3$ とするのが一般的です）。また、両データとも、元のデータを代表するようなデータであることが望まれます。例えば、訓練データに正解がまったく含まれていなかったり、正解しか含まれていなかったりする場合などは問題です。そこで通常は層化とよばれる手法が用いられます。元データを分割する際に、各属性の値の分布が元データの分布と同じようになるように分割するのです。

　このようにしてテストデータがつくられて、学習したモデルや関数を適用して結果を得ることができます。そのときに図 2.7 に示すようなデータの集合が構成されます。

　この図のように、機械学習モデルによって正解と判定されたデータの集合と実

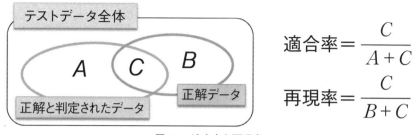

$$適合率 = \frac{C}{A+C}$$

$$再現率 = \frac{C}{B+C}$$

図 2.7　適合率と再現率

際の正解データの集合との交わりが問題になります。この部分が、正解と判定されたデータの何割を占めているかを考えるのが適合率とよばれる指標です。ただし、その値だけを上げようとすると問題があります。それは、テストデータに含まれる多くの正解のうち、自信のあるごく一部のデータのみを正解と判定して、それ以外はすべて不正解と判定したほうがよい結果になってしまうからです。それでは多くの可能性を切り捨ててしまうことになり不都合が生じます。それで今後は、先ほどの交わりが正解データの何割を占めているか（これを再現率とよびます）も考慮することにします。これは、できるだけ多くのデータを正解として判定してもらうほうが結果がよくなる可能性があります。極端な場合、すべてのテストデータを正解と判定すると 100% になります。しかし、これは何を聞いても Yes と答えるようなシステムであり、とても信用できません。

つまり、適合率と再現率の 2 つの値で結果を評価するわけです。

これらを 1 つの値にしたものを F 値とよび、以下の式で計算します。

$$F 値 = \frac{2 \times 適合率 \times 再現率}{適合率 + 再現率}$$

今後はこの F 値を使って、機械学習モデルの評価をすることにします。

テストサンプル法は、データ量が十分ある場合には問題になりませんが、データ量が少ないときには、テストデータの選び方によって、推定精度に大きな誤差が生じる可能性が高くなります。そのような場合には、次に説明する交差検証法（クロスバリデーション）が使われます。この方法では、まず元のデータを n 個のブロックに分割します（通常 n としては 10 ～ 20 の値が用いられます）。その際、各ブロックに割り当てられる件数が同程度になるようにします。また各ブロッ

クとも、層化されていることが望まれます。そして、まず1つ目のブロックをテストデータ、その他のブロックを訓練データとして、学習モデルの構築とF値の算出を行います。次に2つ目のブロックをテストデータとし、その他のブロックを訓練データとし、モデル構築を行っていきます。このような手続きをn回繰り返し、各回で算出されたF値の平均を、モデルの推定評価としようというものです。各回の試行は、テストデータの割合が$1/n$によるテストサンプル法であることがわかります。

交差検証法を使うと、すべてのケースが、1回はテストデータとして選ばれ、なおかつ見かけ上元データの$n-1$倍の件数の訓練データを用いてモデルを構築したことになり、少ないデータであっても推定評価がより正確になります。

課題発言の発見に関して、いくつかの機械学習手法を上記のやり方で比較した結果を表2.1に示します。

この表の3つ目のナイーブベイズとは、単純ベイズ法ともよばれる、説明変数の独立性を仮定してベイズの定理を適用したシンプルな学習型分類器です。この手法の利点は、分類に不可欠なパラメータ（変数群の平均と分散）を推定するのに、大量の訓練データを必要としない点で、スパムメールフィルタのような文書分類などに利用されています。

最も結果が良かったのは、最初に説明したロジスティック回帰分析でした（F値は0.695で、表2.1の＊はそれが最良の値であることを示しています）。

また、ロジスティック回帰分析において、出力確率の閾値（この値を超えると正解と判定する基準値）を変化させたときの結果を比較すると、表2.2のようになりました。最も結果が良かったのは、閾値が0.4のときで、F値は0.714でした（これも表2.2の＊で示しています）。

このように学習手法やパラメータなどを変化させたときの評価結果を比較して、

表2.1　学習結果の比較

学習手法	適合率	再現率	F値
ロジスティック回帰	0.758	0.642	＊ 0.695
SVM	0.767	0.626	0.690
ナイーブベイズ	0.656	0.686	0.671

表 2.2 ロジスティック回帰分析で閾値を変化させたときの比較

閾値	適合率	再現率	F 値
0.5	0.758	0.642	0.695
0.4	0.670	0.765	* 0.714
0.3	0.596	0.885	0.711
0.2	0.496	0.965	0.656
0.1	0.417	0.999	0.591

できるだけ問題に適したものを選択する、というのが機械学習の一般的な利用法
になります。ですから、特定の機械学習手法に固執するのはあまりよくないとい
うことになります。

■ 2.5 能動学習による精度の向上

　訓練データを用いる教師あり学習におけるもう一つの問題として、時間の経過
に伴う判別対象の特徴変化が挙げられます。対象の特徴が完全に不変であれば問
題はないのですが、課題発言の発見においては、ディスカッションに参加するメ
ンバーである学生の入れ替わりや、研究活動の進行に伴って判別対象である課題
発言の特徴が大きく変化してしまう恐れがあります。

　このような特徴変化に関する機械学習の問題は一般に議論されている問題です。
例えば、スパムメール（あまり関係ない広告などのメール）フィルタはその典型
的な例です。スパムメールの手口は年々巧妙化していて、判別モデルを更新しな
ければ新たなスパムメールの特徴には適応できずに、判別精度は下がる一方にな
ります。

　また、第 1 章で述べた DM システムでのコンテンツ作成においては、書記担当
者のちがいによる言い回しの多様性も懸念の一つです。書記には発言内容を記述
するための厳密なルールが定められていないため、担当者おのおのの裁量による
表現となることに加え、文章の要約度合いも異なります。課題発言の判別モデル
においては、発言に含まれる言語情報が判別結果に最も影響するため、言い回し
の多様性による特徴変化にも対処する必要があります。

　機械学習による課題発言の発見におけるこれらの問題に対して、筆者らは能動
学習とよばれる機械学習手法を用いて解決を図りました[1,2]。能動学習とは、大量

の教師信号なしサンプルのなかから判別モデルの更新に最も寄与すると思われる
サンプルを自動的に選択し、それに対して教師信号を付与することによって、人
間の労力を最小限に抑えつつ効率的に判別モデルを、新しいデータに基づいて更
新する機械学習手法のことです[3]。

　課題発言の発見においては、セミナーでの発表ごとに得られるディスカッショ
ンコンテンツ中のすべての発言が教師信号なしサンプルに該当し、そのなかから
いくつかの発言群を能動学習によって選択して、その発言群が課題発言であるか
否かのフィードバックを発表者に求め、それを教師信号として用います。このよ
うに能動学習を適用すれば、教師信号付与における人的コストおよび時間経過に
伴う課題発言の特徴変化の両問題を一度に解決することができると考えられます。
能動学習は教師信号の付与に関して専門的な知識を要することがある自然言語処
理（第3章で詳しく説明します）分野や、データ収集にかかるコストが非常に高
い生物統計分野においてよく用いられる手法で、課題発言の発見も教師信号付与
のコストが高い状況に該当します。

　さて、ディスカッションマイニングにおける能動学習のサイクルでは、次のよ
うな手順を繰り返します。

(1) 課題発言であるか否かという教師信号あり発言組（訓練データ）を用いて、
ロジスティック回帰分析によって課題発言の判別モデルを作成する

(2) セミナー終了後、作成されたディスカッションコンテンツに対して、課題
発言の判別モデルを適用し、各発言組が課題発言である確率値を算出する

(3) 教師信号を付与する対象の発言組を能動学習によって選択する

(4) 選択された発言組に対して、ディスカッションブラウザ上でユーザーに教
師信号のフィードバック、つまり正解かどうかの判断を求める

(5) 得られた教師信号あり発言組を判別モデルの訓練データに追加して、再度
学習を行う

以上のようなサイクルを繰り返して判別モデルを更新することで、訓練データ
数の増加による精度向上を見込めるだけでなく、時間の経過に伴う課題発言の特
徴変化にもつねに適応することができます。

　能動学習とは要するに、教師信号を付与すべき適切なサンプルデータを選択す
るしくみなのですが、その代表的なアルゴリズムとして、ベクトル空間上の密度
をサンプリングの基準として考慮する Information Density（情報密度）とよばれ

る手法があります[4]。この手法の方針は、密度の高いデータほど有する情報量が多いと考え、それゆえに教師信号を付与した際の恩恵が大きいとみなすということです。

ところで、能動学習のやり方としては、分類の最も曖昧なものに教師信号を付与するという Uncertainty Sampling（不確定サンプリング）が代表的なものです[5]。例えば図 2.8 のような分類問題を考えた場合、Information Density と Uncertainty Sampling では、教師信号を付与すべきデータが異なります。つまり、Uncertainty Sampling は分類の境界線に近いデータが選ばれますが、Information Density ではデータが周囲に多く存在するデータ（データ密度の高いデータ）が選ばれることになります。

データ密度や境界線との距離の計算には教師信号の情報を用いませんので、これらの手法は大量の教師信号なしデータを学習に利用可能です。筆者らのディスカッションコンテンツには過去約 10 年分の蓄積がありますから、このような手法と非常に相性がよいものであるといえます。

Information Density の実用性は高いものの、ノイズデータが多く含まれる場合は重みづけに悪影響をおよぼす恐れがあります。課題発言の判別モデルでは発言の形態素情報を用いており、発言の長さが極端に長かったり短かったりするものはノイズとなり得ます。例えば、発表者の応答発言に多く出現する「検討します」や「わかりました」などの短い発言は素性となる形態素も少なくなり、異なるトピックについて続けて話してしまい、非常に長くなった発言は形態素も多くなりますが、これらは多くの場合、判別モデルにおいてノイズとなります。

このような問題に対処するため、特徴ベクトルの素性情報のヒストグラムを基

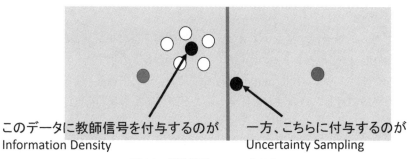

このデータに教師信号を付与するのが
Information Density

一方、こちらに付与するのが
Uncertainty Sampling

図 2.8　能動学習の 2 つのやり方

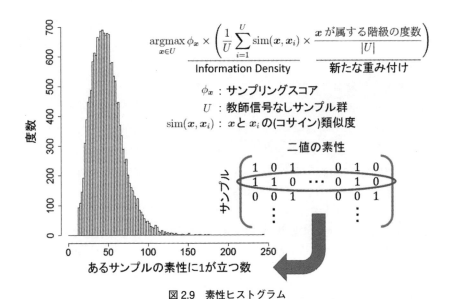

図 2.9　素性ヒストグラム

にして重みづけする手法を採用しました。課題発言の判別モデルに用いられる素性はすべて 2 値のダミー変数で、あるサンプルにおいて素性に 1 が立つ数を階級としたヒストグラムを定義することができ、これを素性ヒストグラムとよびます。過去の 492 件の議事録に対して作成した素性ヒストグラムを図 2.9 に示します。

　この素性ヒストグラムを用いて、本研究では教師信号なしサンプルの数に対する度数の割合を重みとした重みづけは以下の式のようになります。

$$\operatorname*{argmax}_{x \in U} \phi_x \times \left(\frac{1}{U} \sum_{i=1}^{U} \operatorname{sim}(x, x_i) \times \frac{x \text{ が属する階級の度数}}{|U|} \right)$$

　ここで、ϕ_x はサンプリングスコア、U は教師信号なしサンプル群、sim はコサイン類似度（2 つのベクトルの内積を両ベクトルの長さの積で割った値）です。この重みづけによって、Information Density において悪影響をおよぼし得る長さの極端な発言に対して軽い重みを付与することが可能となり、精度向上に関してより有効なサンプリングが期待できます。

　最後に、複数の能動学習の手法を、この問題に対する性能で比較してみましょう。能動学習はユーザーからのフィードバック（機械学習に対する教師信号）が

増えるに従って変化しますので、データが増えるに伴う変化を見てみましょう。

　ユーザーからの教師信号フィードバックによる課題発見の精度向上に関して、議事録1件が得られた際に発言組10件（Full Samplingのみ全件）が訓練データとして追加されるという状況において、能動学習の各手法間でどのような変化が見られるかのシミュレーションを行いました。DMシステムによって記録されたディスカッションコンテンツ42件（発言組：1,637件）のデータに対して、次の6手法による7分割交差検証のF値の変化を比較しました。

- Proposed Sampling：提案する重みづけ手法
- Uncertainty Sampling：従来手法1（分類境界に近いものを選択）
- Information Density：従来手法2（特徴空間上の密度による重みづけ）
- Expected Error Reduction：従来手法3（エントロピーを利用）
- Random Sampling：ランダムに教師信号を付与（反復10回の平均値）
- Full Sampling：すべての発言に教師信号を付与（精度向上の限界）

　横軸を議事録の数、縦軸をF値とした各手法の比較結果は図2.10のようになり

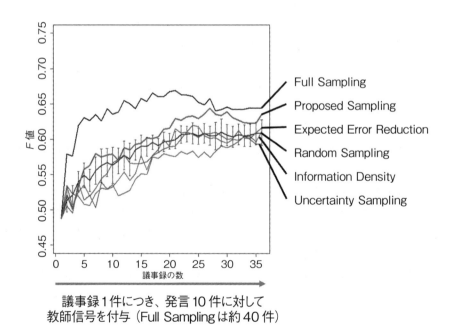

図 2.10　能動学習手法の比較

ました。ここで、Full Sampling（全サンプリング）は精度向上の限界を参考値として示しており、訓練データ数は他手法の約4倍になります。Expected Error Reduction（期待誤差削減）は、先に説明していませんでしたが、能動学習のもう一つの手法で、テストデータに対する誤差の期待値が最も小さくなるようにサンプリングを行います[6]。教師信号なしのデータすべてを対象にこの期待値を計算するため非常に手間のかかるやり方です。しかし、これらの従来手法はいずれもディスカッションコンテンツに含まれるノイズによって十分な効果を発揮できてないようで、Random Sampling（ランダムサンプリング）以下の精度に収まっていることがわかります。

　一方、提案手法はノイズを軽減することによって全体的に高い精度を維持できています。この手法は従来手法で考慮されていなかった素性空間上のノイズを軽減することによって、Full Sampling を除く手法と比較して全体的に高い精度を維持できていることがわかります。

■ ディープラーニング

　本書ではディープラーニング（深層学習）についてとくに詳しく述べていないので、このColumnで補足する。

　1957年にパーセプトロンが考案されて以来、隠れ層（入力と出力以外の中間の層）を多層化した多層ニューラルネットワークは盛んに研究されてきたが、局所最適解などの技術的な問題によって、充分に学習させることができず性能が上がらないため、実用性に関して疑問視されていた。しかし、2006年にニューラルネットワークの代表的な研究者であるGeoffrey Hintonらの研究チームが、制限ボルツマンマシン（再帰的構造をもったニューラルネットワーク）において、一層の隠れ層の学習を多段に重ねることで効率的に多層ニューラルネットワークを学習させる方法を考案したことで、再び注目を集めるようになった。この研究成果が、現在のディープラーニングに直接つながる技術的ブレイクスルーと見られている。また、2012年からは急速に研究が活発となり、第三次人工知能ブームが到来したとされている。

　ディープラーニングでは、バックプロパゲーションとよばれる計算手法により、大量の訓練データを多層ニューラルネットワークへ入力した際の出力誤差を計算し、誤差が最小となるように、学習を行う。この際、従来は、画像や音声などそれぞれのデータの研究者、技術者が手動で設定していた特徴量が自動的に抽出される。このため、手作業での特徴量抽出がほぼ不要になった点が、ディープラーニングの大きな利点の一つである。

　ニューラルネットワークの多層化は、学習時間と計算コストに問題があったが、近年のコンピュータの高性能化や、CPU（中央演算装置）よりも単純な演算の並列処理にすぐれたGPU（Graphics Processing Unit。ディスプレイに表示するグラフィクス処理に特化した演算装置）による汎用計算（GPGPU）により改善されている。GPUを利用することで性能あたりの価格や消費電力をCPUの100分の1に抑えることができるとされている。

　ディープラーニングにおいてとくに重要な技術は、畳み込みニューラルネットワークと再帰型ニューラルネットワークである。

畳み込みニューラルネットワーク（Convolutional Neural Network。以下CNNとよぶ）
例えば、図1のような各層のすべてのノードが層間で結合されている全結合型のニュー

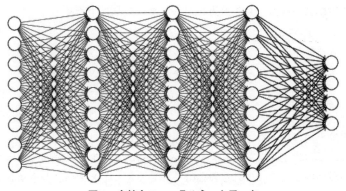

図1　全結合ニューラルネットワーク

ラルネットワークを考えてみる。

このとき、パラメータの数は非常に多くなり、学習効率が悪くなるだけでなく、過学習（訓練データに適合しすぎてテストデータでは精度が悪くなること）も起こりやすくなる。また、1次元のベクトルだけでなく、3次元のマトリックスを1つの層として扱おうとすると（おもに画像の場合）、さらに計算が面倒になる。そこで、図2のように、1つの層の特定の領域に適用できるフィルタを考えて、そのフィルタを通して得られた値を次の層への入力とする。これによって、フィルタに設定されるパラメータのみで、層と層のあいだの対応関係が決定できる。この操作を畳み込みという。

実際の画像認識で用いられているCNNの概形は、図3のようになる。詳しい説明は

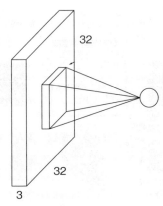

図2　畳み込みフィルタ

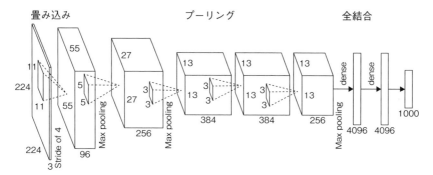

図3　畳み込みニューラルネットワーク（CNN）の例

省略するが、入力画像が与えられたときに、畳み込みとプーリングという操作により画像の特徴を抽出し、全結合ネットワークに抽出した特徴を入力して、最終的に画像のクラス推定を行う。ここで、プーリングとは、前の層の畳み込みの出力を粗くリサンプリングする（例えば、入力画像の $n×n$ 領域での値の最大値をとる、など）もので、これにより画像の多少のずれによる見え方のちがいを吸収することが可能となり、少しのずれに不変な特徴量の獲得が可能となっている。

　CNN 中のニューロン（ノード）間の結合パターンは、動物の視覚野から着想を得ている。視野の限定された領域における刺激にのみ応答する個々のニューロンは受容野（receptive field）とよばれる。異なるニューロンの受容野は全視野を覆うように部分的に重なり合っている。

　このように CNN は、画像処理に関するさまざまな知見に基づいて実装されており、近年、画像からの物体認識において非常に高い成果を挙げている。

再帰型ニューラルネットワーク（リカレントニューラルネットワーク）（Recurrent Neural Network。以下 RNN とよぶ）
　CNN は、ある特定の時刻での画像や音のパターンを処理してクラス推定（分類）を行うことができる。しかし、動画から状態を認識したり、音声の意味を理解したりするためには、時刻ごとの識別だけでは十分であるとはいえない。そのため、前後の時系列情報を扱うことができる RNN が提案された。図4にその例を示す。

　時刻 t の隠れ層の内容が、次の時刻 $t+1$ の時の入力となり、$t+1$ の隠れ層が $t+2$ の入力となり、…と続いていく。つまり、前回の隠れ層の状態が次の隠れ層の学習にも使用されるしくみである。RNN は時間的に展開すると通常のニューラルネットワークと同じとみなすことができるので、CNN などと同様に、パラメータ学習にはバックプロパ

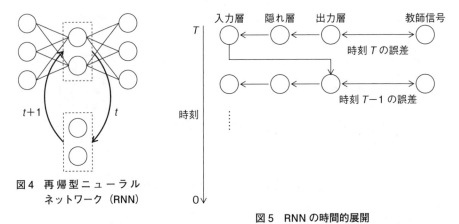

図4 再帰型ニューラル
ネットワーク（RNN）

図5 RNN の時間的展開

ゲーションが適用できる。RNN の時間的展開を簡単に図にすると図5のようになる。

　誤差（教師信号と出力の差）は最後の時刻 T から最初の時刻 0 に向かって伝播してい
く。したがって、ある時刻 t における誤差は「時刻 t における教師信号と出力の差異」と
「$t+1$ から伝播してきた誤差」の和になる。このようにして行うバックプロパゲーショ
ンをバックプロパゲーション・スルータイム（back-propagation through time; BPTT）
とよぶ。

　BPTT は最後の時刻 T までのデータ、つまりすべての時系列データがなければ学習を
行うことができないため、長い時系列データは最新の時間区間を切り取って使うなどの
対応が必要である。この BPTT にはさまざまな課題があり、それに対応するための学習
方法もいろいろ考案されている。その一つが、LSTM（Long Short-Term Memory）で
ある。

　T が非常に大きい、つまり長時間の時系列のデータの場合、計算上の問題で伝播され
る誤差が非常に小さくなったり、逆に非常に大きくなったりする。値が大きくなる分に
は最大値の制限で対処できるが、小さくなりすぎるのは対処が困難であるため、誤差が
大きく減衰しないように伝播させる手法を盛り込んだのが LSTM である。

第3章 自然言語処理でディスカッションを解析する

いわゆる人工知能の一つの目標は、コンピュータを人間に近い存在にすることです。コンピュータが人間に近づくために必要なことは、人間の言葉を理解することです。それがとてもむずかしいことであることは、これまでの多くの研究成果が示しています。現在のコンピュータにできることは、人間の言葉をそのまま理解することではなく、すでにコンピュータが知っていることと、今人間が話している言葉（あるいはコンピュータが今読んでいる、人間が書いた言葉）がどのくらい似ているかを計算するということです。すでに知っていることとは、あらかじめ人間にプログラムされていた内容や、大量のデータから機械学習によって獲得された内容のことです。

以前によく使われた手法は、人間によって解析された文の構造のデータを使って、解析中の文の構造を推定するというものです。このとき、形態素とよばれる文の部分の単位を使って、すでに解析されたデータと現在解析中のデータとの照合を行います。これは Web の検索でキーワードからコンテンツを探すやり方と同じです。要するに、文字として等しいものがあるかどうかを高速に検索するのです。

しかし、文字として等しければ同じ意味であると断じることはできません。例えば、「行った（おこなった）」と「行った（いった）」は文字としては同じですが、もちろん同じ意味ではありません。そこで、前後の文脈を使うことになります。例えば、「仕事を行った」と「仕事に行った」なら、「行った」の部分の意味を区別できます。このように言葉の意味は、形態素とその文脈によって識別することができるようになるわけです。

最近は、機械学習によって、単語を文字ではなくベクトルとして扱うやり方が提案されています。そのベクトルをつくるために文脈の情報が使われます。つまり、ある単語が出現する周囲の別の単語によって、対象となる単語の意味を特徴づけるのです。そのようなベクトルは単語の分散表現とよばれます。文字の場合、

一致するかどうかを気にしますが、ベクトルだとベクトル間の距離を計算して類似度として数値的に扱うという方法が考えられます。言葉の意味という捉えにくいものに、距離という指標を導入することで、より柔軟な扱いができるということです。計算の手間は増えますが、コンピュータは年々速くなっていきますから、その手間はとくに気にする必要がなくなっていくでしょう。

　ところで、ディスカッションにも同様に文脈がありますから、それをうまく使えば、発言の意味をより正確に扱うことができるようになります。つまり、発言には、そのきっかけとなる別の発言があり、その発言に関係づけられているのです。発言間の関係については、すでにお話したとおりですが、ある話題に関するディスカッションが木構造になっており、そのノードがそれぞれの発言になっています。この構造化されたディスカッションに対して、自然言語処理を適用します。

　その結果としてわかることは、例えば以下のことです。
- ある人の発言が、その文脈において適切だったかどうか。
- ある人の発言が、その後も引き続き考慮すべき内容を含んでいるかどうか。
- ある人の発言が、総合的に見て、よい発言だったかどうか。

　また第1章で述べたように、自然言語処理によって、議事録の自動要約ができるようになります。

　このように、ディスカッションの分析と利用には、自然言語処理の技術が不可欠です。これから、この技術について、その処理の対象の細かい順に説明していきましょう。

■ 3.1　形態素とその解析

　一般に、文の最小単位を形態素といいます。文の最小単位は文字ではないか、と思うかもしれませんし、実際、形態素を解析するときに、その先頭の1文字から順に調べていくのですが、文の構造を考えるときに最小単位として利用するのは、やはり形態素なのです。それは人間が辞書をつくるときに、最も考えやすい単位が形態素だからです。

　自然言語処理において不可欠なデータベースが辞書です。辞書がなければ、ほとんど何もできないと思って間違いはありません。機械学習とデータマイニング

によって、辞書を自動生成するという試みはありますが、残念ながら今のところうまくいっているとは思えません。まだまだ人間のもつ辞書づくりのノウハウがモデル化できないからでしょう。

文を形態素解析すると、妥当な形態素列が得られます。妥当というのは、その形態素の並びに意味があるということです。ただし、単語の意味を考慮しているわけではなく、品詞の組合せ、例えば形容詞＋名詞、あるいは副詞＋動詞などには、日本語として意味を構成するためのルールに沿っている、ということです。つまり、形態素には必ず品詞が割り当てられることになります。

形態素解析のためにはまず辞書を用意する必要があります。辞書の形式は次のようになります。

> 形態素表記，左文脈 ID，右文脈 ID，品詞，品詞細分類，活用型，活用形，基本形，読み

形態素表記は、辞書引きするときの見出し語で、同じ言葉で表記のちがうもの（表記ゆれといいます）もすべて別の辞書項目として登録します。例えば、コンピュータとコンピューター、インタフェースとインターフェイスなどです。

また、左文脈 ID と右文脈 ID というのがありますが、これを説明する前に、連接行列というものについて説明します。形態素の列の妥当性を考慮するために、実際の文章から、連続した形態素についての統計データを計算します。その結果として、ある形態素が別の形態素と連接する場合のコストを表す行列を作成します。その行列を連接行列といいます。

その行列は、すべての形態素×すべての形態素で、行列の値が小さいほど、その 2 つの形態素は連接しやすいことになります。ただし、上記の表記ゆれの場合などは、それらが異なる形態素でも振る舞いは同じですから、同じものとして扱ったほうが便利です。また、接頭辞や接尾辞など、その形態素が他の形態素の前に存在する場合と後ろに存在する場合を区別したい場合がありますので、ある形態素が別の形態素の前に来る場合を左文脈 ID として、後ろに来る場合を右文脈 ID として区別して、識別できるようにします。そのため、連接行列は、これらの ID を用いて、例えば、次のような形式で表します。

左文脈 ID	右文脈 ID	連接コスト
0	1354	−996
1354	1352	−2758
1352	0	−941

　この行列から、左文脈 ID が 0 の形態素が前に、右文脈 ID が 1354 の形態素が
その直後に来る場合のコストは、−996 であることがわかります。

　形態素解析は、文頭の 1 文字目から辞書を引いてどの形態素に照合するかどう
かを調べていきますが、一般に同じ文字から始まる形態素は複数ありますので、
並列で複数の候補を調べていきます。その結果、図 3.1 のような枝分かれが発生
したり、途中で合流したりする構造がつくられます。この構造を一般にラティス
（束）といいます。

　この図では、「今日東京と京都に行く」という文を形態素解析した結果を示して
います。この場合、ノードは形態素に対応し、最初と最後にそれぞれ「文頭」「文
末」というダミーノードが追加されています。

　さて、このままですと答えが 1 つに定まっていませんから、先ほどの連接行列
を使って、ある形態素とその直後の形態素がどのくらい接続しやすいのかを評価
します。その結果、図 3.1 のラティスのリンクにコスト（低いほどつながりやす
い）が追加され、図 3.2 のようになります。

　当然ながら、文頭から文末までの形態素のつながり（それをパスといいます）

今日東京と京都に行く

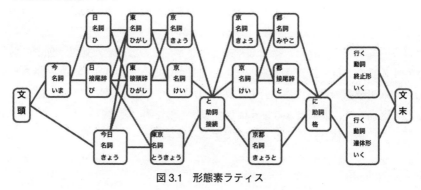

図 3.1　形態素ラティス

今日東京と京都に行く

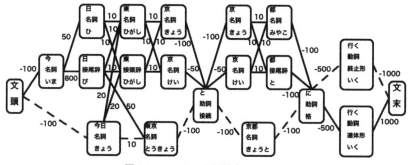

図3.2　コストつき形態素ラティス

に関する連接コストの合計が小さいもののほうがそれ以外のものよりも適切だと判断されますから、そのパス（図3.2で点線で表示されたもの）を答えとして出力します。

　そのためのアルゴリズムにViterbiアルゴリズムがあります。

　このアルゴリズムは、ラティス上の各ノードへの複数のパスが考えられるとしても、最も尤もらしいパスが必ず1つは存在することを前提としていて、以下の手順で実行します。

(1)「文頭」ノードとリンクでつながったノードごとに、そのノードに至る連接コストが最小のリンクとそのコストを覚えておく

(2)(1)で調べたノードとリンクでつながったノードごとに、そのノードに至る連接コストと直前のノードが記憶しているコストの合計が最小になるリンクとその合計コストを覚えておく

(3)(2)と同様の処理を、「文末」ノードに至るまで繰り返す

(4)「文末」ノードに到達した時点でさかのぼって、各ノードが記憶しているリンクをつなげて、最適なパスを決定する

　図3.3は上記の手順に従って、最適なパスを発見した例を示しています。各ノードの上に書かれた数字がそのノードが記憶しているその時点での最小コストで、太い線のリンクがノードが記憶したリンクで、点線のリンクがノードが記憶している中で最適なリンクです。

　このようなやり方でも、最適な形態素列が発見できないことがあります。先の

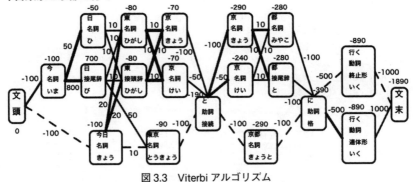

図 3.3　Viterbi アルゴリズム

例では、ラティス構造のリンクのコスト（連接コスト）のみを用いて最適なパスの選択を行いましたが、ノード（形態素）のコストも同時に考えることができます。つまり、ノードのコスト＝形態素の出現しやすさ（生起コスト）を考慮することで、より精密な解析を行うことができます。

そこで、この生起コストが辞書から得られるとしてそれをラティス構造に組み込み、Viterbi アルゴリズムに反映させることで、より高い性能の形態素解析器をつくることができます。

■ 3.2　形態素 N グラム

N グラムとは、文書内のある言語単位（文字や形態素など）が 2 言語単位、3 言語単位など（一般に N 言語単位）が隣接して生じる言語単位の共起関係（collocation）のことで、文書の特徴の一種を表すものと考えることができます。2 言語単位、3 言語単位の N グラムを、それぞれ、バイグラム、トライグラムといいます。また、単独の言語単位のヒストグラム（度数分布）をユニグラムといいます。

例えば、ある文書に「あいうえおかきくけこ…」という文字列が含まれているとき、文字のバイグラム（2 グラム）は、「あい, いう, うえ, えお, おか, かき, きく, くけ, けこ, …」、トライグラム（3 グラム）は、「あいう, いうえ, うえお, えおか, おかき, かきく, きくけ, くけこ, …」になります。

言語単位（例えば、文字）の全数を M としたとき、連続する N 単位の可能な

組合せ総数は M^N 個になります。ある言語単位について N グラムを求める場合に M^N 個の N グラムの組合せ表を用意する方法では、各 N グラムついて、テキストからその出現数（頻度）を調べることになります。この場合、N グラムの計算は N の増加とともに時間がかかり、その結果、データはきわめて巨大なものになります。実際、漢字 6,400 文字を含む JIS 漢字（JIS X 0208 文字集合）では、N グラムの可能な組合せは、$N=4$ のとき 1,600 兆にもなり、この方法で作成した結果のデータを保持することはきわめて困難になってしまいます。

　言語単位を形態素としたときの N グラムを形態素 N グラムといいます。これも N が増えると膨大なデータとなり、管理がむずかしくなります。そこで、おもにバイグラムやトライグラムが利用されることになります。

　ディスカッションの分析において、第 1 章で述べたように、形態素ユニグラムおよび形態素バイグラムをそれぞれ特徴の一つとして利用しています。具体的には、形態素ユニグラムについては、名詞、動詞、形容詞、助動詞のおのおのの出現数を過去の議事録から算出し、一定値を超えたものを素性としました。具体的には、全名詞延べ数中の割合が 0.5% 以上の名詞、全動詞延べ数中の割合が 0.5% 以上の動詞、全形容詞延べ数中の割合が 1.0% 以上の形容詞、全助動詞延べ数中の割合が 1.0% 以上の助動詞を素性としました。また、形態素バイグラムについては、全形態素バイグラム延べ数中の割合が 0.05% 以上の形態素対（連続する 2 つの形態素）を素性として利用しました。これは第 2 章で述べたように、ダミー変数を用いて、素性とした形態素や形態素対が発言中に存在した場合に、その値を 1 に、存在しない場合は値を 0 にして、入力ベクトルとしています。

■ 3.3　単語のベクトル化

　すべての形態素には必ず、品詞という属性が付与されていますが（ただし、辞書にない言葉つまり未知語を除く）、その品詞が言葉の意味を表現するのに十分かというと、たいていの場合、そうではないでしょう。例えば、動詞である言葉は「何らかの動作」を表していることはわかりますが、より具体的な意味を知るには品詞の情報だけでは全然足りません。

　では、単語そのものを意味を表す単位として用いるのはどうでしょう。ある単語に意味が似ている別の単語を類義語といいますが、類義語の集合がある意味（あ

るいは概念）を表していると考えるのです。人間が考えていることを他者に伝えるには、言葉にするしかありません。ですから、言葉を分解した単語（あるいは形態素）を言葉の意味を表すための単位として用いるのはやむを得ないことのように思われます。

　しかし、当然ながら、それでは困る場合があります。意味には、似ている／似ていないの2値ではなく、とても似ている、少し似ている、あまり似ていない、などの類似性が定義できたほうが都合のよい場合があります。例えば、「文字を書く」と「言葉を話す」の意味がどのくらい似ているのか、「水分を摂る」に近いのは「果物を食べる」と「本を読む」のどちらか、などが計算できるとありがたいということです。

　つまり、品詞では分類が荒すぎる単語の意味を、単語そのものの集合として表すのではなく、類似性が考慮できる程度に抽象度の高いやり方で表すことができないか、という問題を考える必要があるのです。

　そこで、機械学習の手法を採り入れてみましょう。まず単語をベクトルにして学習器にかけられるようにします。それには辞書を使った one-hot というやり方があります。図3.4 にそのしくみを示します。

　この図に示すように、辞書の掲載順に番号をつけて、辞書のサイズに合わせたベクトルをつくり、ある単語のインデックスに対応する次元の値が1になり、それ以外はすべて0になるようなベクトルをつくります。これで、すべての単語に

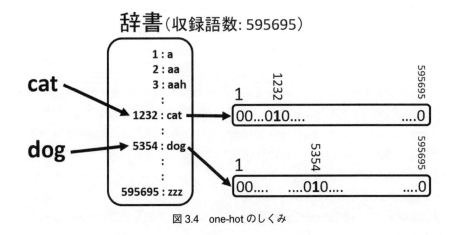

図 3.4　one-hot のしくみ

1対1対応したベクトルがつくれることになります。

one-hotによってつくられたベクトルは、共起関係などの文脈の情報をまったく使っていないため、類似性を計算するのに適切ではありません。そこで次のような工夫をします。これはword2vecという名前で知られている手法で、あまり理論的な背景はないのですが、簡単に実現できて、有効性もある程度確認されていますので、ベクトル化の一つの事例としてご紹介します。

word2vecは、すべての単語を200次元ベクトル（次元数は変更可）で表す手法で、ベクトル表現を利用して、単語の足し算や引き算ができます[1,2]。例えば、「東京 − 日本 + フランス」を入力すると答えが「パリ」になり、「王 − 男 + 女」を入力すると答えが「女王」になります。これは、図3.5に示すスキップグラムとよばれるニューラルネットワークにコーパス（実際の文書の訓練データ）を入力して学習させることによって、単語からベクトルをつくることができます。

スキップグラムは、入力として $w(1), \cdots, w(T)$（$w(i)$ は単語を one-hot によってベクトル化したもの。T は文書に現れる単語全体の数）を取り、ある単語（図3.5では $w(t)$。t は文書中の $w(t)$ の出現位置）を入力すると、その前後に出現する単語を予測するためのニューラルネットワークです。次の式を用いて、確率的勾配降下法を用いて学習します。

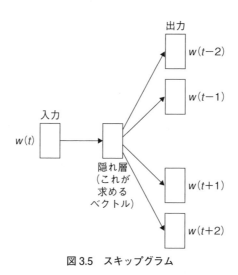

図3.5　スキップグラム

$$\arg\max_{P} \frac{1}{T}\sum_{t=1}^{T} \sum_{-C \leq j \leq C, \neq 0} \log p\left(w_{t+j} \middle| w_t\right)$$

$$p\left(w_O \middle| w_I\right) = \frac{\exp\left(v_{w_O}{}^T v_{w_I}\right)}{\sum_{w=1}^{W} \exp\left(v_w{}^T v_{w_I}\right)}$$

　ここで、C は文脈サイズとよばれ、入力の前後いくつまでの単語を予測するかを表し、5 くらいで設定します。w_O は出力の単語、w_I は入力の単語です。また、v_w は単語 w を表現するベクトルで、単語の現れる文脈の規則性を考慮して、計算されていると思われます。v_w の次元は、200 くらいに設定されています。

　実験の結果わかったことは、各単語を表すベクトル v_w には以下のような性質があるということです。1 つ目は、「数学」と「物理学」のように、同じ文脈で現れやすい単語のベクトル同士のコサイン類似度（2 つのベクトルの内積を両ベクトルの長さの積で割った値）は、「数学」と「料理」のような、そうでない単語のベクトル同士のコサイン類似度より、大きな値になるということです。これは、コサイン類似度がベクトル間の類似性を表現しているため、この場合、単語間の意味的な類似性を近似していると考えることができるでしょう。

　もう 1 つは、単語間の線形規則性（linear regularity）とよばれる性質で、例えば図 3.6 の左側で表されるように、「女（woman）」を表すベクトルと「男（man）」を表すベクトルの差分ベクトルと、「叔母（aunt）」のベクトルと「叔父（uncle）」のベクトルの差分ベクトル、あるいは、「女王（queen）」のベクトルと「王（king）」のベクトルの差分ベクトル間のコサイン類似度が非常に高くなった

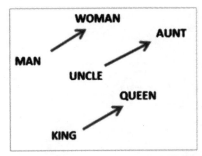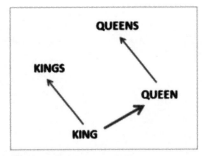

図 3.6　線形規則性（論文 2 より引用）

図 3.7 単語の意味の程度

ということです。これは、それらの単語のあいだに意味的共通性が高いことを予測しています。また、図 3.6 の右側は、単語の単数形と複数形の関係が単語間で共通していることを表しています。

　3 つ目の性質は、ベクトルが単語の意味の「程度」を反映しているということです。例えば、図 3.7 に示すように、good と best の各ベクトルの平均ベクトルを取ると、それと最もコサイン類似度の高い単語に better が存在する（言い方を換えると、good と best の中間あたりに better が位置している）ことがわかりました。同様に、pleased（うれしい）と angry（むかつく）の中間あたりに unhappy（うれしくない）が存在することがわかり、これは単語のもつある種の意味の程度を反映していると考えることができるでしょう。

　単語ベクトルのもつ最後の性質は、言語独立性というものです。これは、十分にサイズの大きい訓練データ（自然言語の文書の集合）を前提とすれば、言語（英語や日本語など）が異なったり、one-hot を計算した辞書が異なったりしたとしても、同様な規則性が得られた、ということです。これは、さまざまな言語で検証する必要があります（オリジナルの論文の著者は英語とスペイン語で確認しています）が、学習に十分なデータが集まるのを待つ必要があるでしょう。

　このように、単語の意味をコンピュータで扱うしくみは、機械学習によって大きく発展しています。これからもより適切なベクトル化手法が考案され、従来のシステムでは扱うのが困難だった微妙なニュアンスなどがうまく処理されて、人間の意図がより深く認識されるようになると思います。

■ 3.4　文の構造

　形態素や単語（この本では、これらをほぼ同じ意味として扱っています）が正しく処理されたとしても、複数の形態素の関係がわからないと文を理解することができません。そこで、次は文の構造を解析してみましょう。

　文の構造を解析するためには、文法というデータを使います。文法は、文の構成要素間に成り立つ規則性を記述したものです。例えば、「名詞句→形容詞 名詞」という規則は、形容詞の直後に名詞があれば、その全体が名詞句になる、という意味で、「黒い瞳」のような文字列は、「黒い」が形容詞、「瞳」が名詞として形態素解析されるため、「黒い瞳」が名詞句と解析されます。このような文法は、文脈自由文法あるいは句構造文法とよばれます。この文法は、文を句（phrase）というまとまりで構造化できます。例えば、「今日東京と京都に行く」は、以下のように、カギ括弧で文字列を囲っていく形で構造を示すことができます。閉じカギ括弧の直後の名前がその部分の構造のラベルを表しています。

$$[[[今日]_{名詞}]_{名詞句}][[[東京]_{名詞}[と]_{助詞}[京都]_{名詞}]_{名詞句}[に]_{助詞}[行く]_{動詞}]_{動詞句}]_文$$

　文法は、例えば、文→名詞句 動詞句のような、ある構造（句構造）は他の構造の組合せ（合成）によって生成されることを示す生成規則の集合になります。このとき、名詞句の生成が、動詞句の生成に影響を与えない（独立に生成できる）ため、文脈自由とよばれます。文脈自由ではない生成規則は、「$S \rightarrow X\ Y$(if $X=$ ＝名詞句 then $Y=$動詞句」である。もし X が名詞句ならば、Y は動詞句でなければならない）のように、X の生成が Y の生成に影響を与えるようなものです。

　文法の例は以下のようなものです。

　　　文→名詞句 動詞句

　　　名詞句→名詞

　　　名詞句→形容詞 名詞

　　　名詞句→名詞句 助詞 名詞句

　　　動詞句→動詞

　　　動詞句→副詞 動詞

　　　動詞句→名詞句 助詞 動詞句

　ここで、文は開始記号、名詞・形容詞・助詞・動詞・副詞などの品詞は終端記

号、名詞句・動詞句などは非終端記号とよばれます。

　文法を用いて文の構造を解析することを構文解析といい、そのためのアルゴリズムとして、チャート法（chart parsing）というものがあります。このアルゴリズムは、構文解析の途中結果をチャートとよばれるデータ構造として保持して再利用することで、解析過程における組合せ爆発を防ぐことができます。それは、文の部分を見るとさまざまな構造が可能で、それらの可能性を考慮しつつ解析しなければならないからです。チャート法は、さまざまな構文解析アルゴリズムを一般化したもので、チャート法を効率よく実装したものにアーリー法（Earley parsing）とよばれるものがあります。ここでは、チャート法について簡単に紹介します。

　チャート法では、以下のデータを利用します。

　チャート：解析過程で生成されるエッジの集合

　エッジ：開始位置、終了位置、ドット（現在位置）つき生成規則の組

　例　$[i, j, A \rightarrow \alpha \bullet \beta]$

　図3.8 は、「今日東京と京都に行く」という文を構文解析している途中のエッジの状態を示しています。

　丸で囲った数字は、形態素解析後に割り振られるインデックスで、エッジの開始・終了位置を表すために使われます。例えば、$[0, 1,$ 名詞句→名詞 $\bullet]$ というエッジは、最初の「今日」という形態素の部分（開始位置が 0 で終了位置が 1）が「名詞句→名詞」という生成規則に照合し、名詞句を生成できることを意味しています。また、ドット（●）が規則の最後に来ていることから、名詞句の生成が完了していることがわかります。このように、ドットが生成規則の最後にある

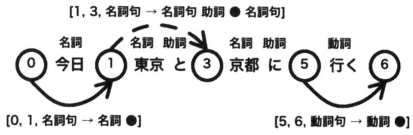

図3.8　チャート法その1（活性エッジと不活性エッジ）

エッジを不活性エッジ、それ以外のエッジ（例えば、[1, 3, 名詞句→名詞句 助詞 ● 名詞句]のようなドットが生成規則の途中にあるエッジ）を活性エッジといいます。

エッジは文の形態素と照合可能な生成規則が存在すれば生成されますが、構文解析は、エッジの生成だけでなく、エッジの結合という操作を行います。エッジの結合とは、活性エッジと不活性エッジをつなげて新しいエッジをつくることで、以下のような式で表されます。

$$[i, j, A \to \alpha \bullet B \beta] + [j, k, B \to \gamma \bullet] \Rightarrow [i, k, A \to \alpha B \bullet \beta]$$

図 3.9 は、エッジの結合の例を示しています。

この例では、活性エッジ[1, 3, 名詞句→名詞句 助詞 ● 名詞句]と不活性エッジ[3, 4, 名詞句→名詞 ●]を結合して、不活性エッジ[1, 4, 名詞句→名詞句 助詞 名詞句 ●]を生成しています。これが可能なのは、2つのエッジが連接していること、後ろのエッジの生成規則が、前のエッジのドットの直後にくる非終端記号に関するものであること、という条件が満たされているからです。

構文解析は、エッジの生成と結合を繰り返し、$[0, n, S \to \alpha \bullet]$（$n$ は入力文の形態素数、S は開始記号、α は S が導出する非終端記号の列）という不活性エッジがチャートに含まれれば成功し、それ以外の場合は解析失敗となります。図 3.10 は[0, 6, 文→名詞句 動詞句 ●]という不活性エッジが生成され、解析が成功した状態を示しています。

このようなしくみで構文解析が行われます。ここで問題になるのは、構文的多義性という問題で、不活性エッジの組合せで表現される句構造が、同じ文（または文内の部分文字列）に対して、複数通り考えられる場合に発生します。例えば、

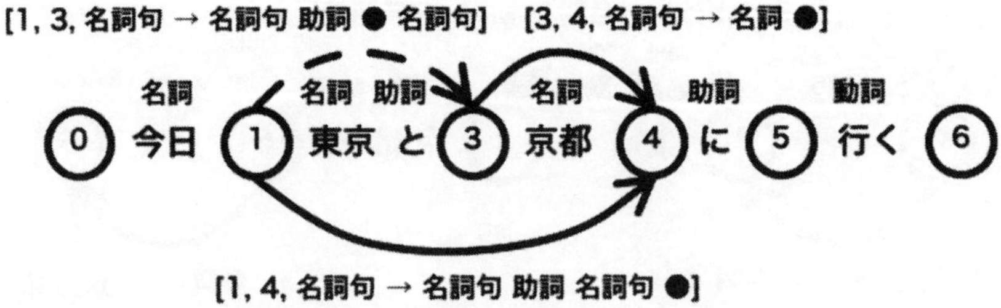

[1, 3, 名詞句 → 名詞句 助詞 ● 名詞句]　[3, 4, 名詞句 → 名詞 ●]

名詞　名詞 助詞　名詞　助詞　動詞
⓪ 今日 ① 東京 と ③ 京都 ④ に ⑤ 行く ⑥

[1, 4, 名詞句 → 名詞句 助詞 名詞句 ●]

図 3.9　チャート法その 2（エッジの結合）

「黒い瞳の綺麗な少女」には、$[[[黒い]_{形容詞}[瞳]_{名詞}]_{名詞句}[の]_{助詞}][[綺麗な]_{形容詞}[少女]_{名詞}]_{名詞句}]_{名詞句}$（少女の瞳が黒いという解釈）と$[[黒い]_{形容詞}[瞳]_{名詞}[の]_{助詞}][綺麗な]_{形容詞}]_{形容詞句}[少女]_{名詞}]_{名詞句}$（少女の肌が黒いという解釈）の2つの構文解析結果が生成可能です。

どのような構文解析結果がより適切かを計算するためにも、機械学習が用いられます（column を参照）。通常の文脈自由文法を拡張して、生成規則に確率を付与したものを確率文脈自由文法といいます。このときのパラメータ推定に機械学習の手法が用いられます。また、前述の word2vec のように単語をベクトル化した表現を用いて、品詞では表現が困難な規則を生成することも可能でしょう。

■ 3.5　ディスカッションの構造

ディスカッションの構造については第1章ですでに述べていますが、ここでは、自然言語処理の観点で、もう一度見てみましょう。

ディスカッションにおける各発言には一般に複数の文が含まれます。そのため、ディスカッションの構造を考える場合、発言内の構造と発言間の構造に分けて考えるのが妥当でしょう。発言内の構造は、発言に含まれる文の内部構造、および、文間の関係から構成されます。文の内部構造に関してはこれまでに説明してきたとおりですが、文間の関係については、また別の分析法が存在します。複数文にまたがる構造を談話構造といいますが、これをどのように解析するかについてはまだ決定的なやり方は存在しません。一例では、文と文をつなぐ接続詞を手がか

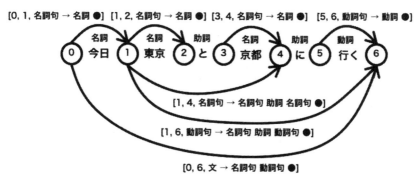

図 3.10　チャート法その 3（構文解析成功）

りにします。「○○である。そして、××である。」のように「そして」でつなが
れていれば、2つの文は順接の関係、つまり、後ろの文が前の文の情報を補足し
ていて、意味的に矛盾のない内容になっています。また、「○○である。しかし、
××である。」では、2つの文は逆接の関係で、前の文から予想される内容と、後
ろの文では意味的に矛盾があり、意外な内容になっています。このような文間の
関係には、その他に、並列・理由・仮定・限定・時間経過・話題展開・話題収束
などがあります。

　このような接続詞が記述されていない場合は、2つの文（あるいは、さらにそ
の前後の文）の内容を使って、文間の関係を予測する必要があります。これにつ
いても、機械学習の手法が考えられます。ただし、この場合は、構文解析と異な
り、意味的な内容に強く依存しますので、前述のword2vecによるベクトル表現
のような、単語の文脈における意味を反映した特徴を用いるのがよいでしょう。

　さて、次は発言間の関係ですが、これは第1章のように、「導入」と「継続」と
いう2つのタグで発言を分類し、「継続」発言の場合は、その元になる発言にリン
クを張るというやり方で構造化します。これは、発言者が自分でタグづけおよび
リンクづけしたものを正解として用いるのですが、そもそもこのタグ・リンクづ
けがどのくらい妥当なものなのかを検証してみる必要があります。

　ところで、筆者らの開発したディスカッションマイニング（DM）システムで
は、Microsoft PowerPointで作成されたプレゼンテーションスライドを用いた発
表に関してディスカッションを行ったすべての内容を、ディスカッションコンテ
ンツとして記録・分析しています。このとき、発表者が表示しているプレゼン
テーションスライドをきっかけにして、参加者が導入発言を行い、発表者や他の
参加者が継続発言を行うと、次の導入発言がなされるまでの一連の発言をひとく
くりにして、ディスカッションセグメントとよんでいます。図3.11にその例を示
します。1つのディスカッションセグメントは、1つの話題に関するディスカッ
ションと考えられます（第1章では同じものを、木構造であることを強調するた
めディスカッション木とよんでいました）。

　DMシステムでは、ディスカッションコンテンツの作成を行う際に、参加者の
判断に依存する部分がありますから、情報の欠落や誤った情報の入力などのヒュー
マンエラーが混在する可能性があります。また、ディスカッションをできるだけ
妨げないような入力手段を採用しているため、取得されたメタデータにユーザー

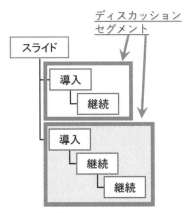

図 3.11　ディスカッションセグメント

　の意図が完全に反映されていない可能性もあります。DM システムで取得しているメタデータのなかでもディスカッションセグメントの木構造と発言テキストは、とくに人間による判断に大きく影響されるものです。発言テキストが正しく発言内容を反映しているかどうかに関しては、第 4 章でも述べる音声認識の利用によって機械的にチェックできるようになると考えていますが、構造については人間が正解を与えてくれないと機械学習もうまく機能しないので、その精度は大きな問題です。

　そこで、これらのディスカッションセグメントの木構造の妥当性を評価するための、次のような実験を行いました[3]。この実験では、2007 年度以降に作成されたディスカッションコンテンツにおけるディスカッションセグメントのなかから、発言数が多い上位 18 個のセグメントを対象としました。18 個のセグメントに含まれる全発言数は 199 発言（うち継続発言は 181 発言）で、セグメントごとの発言数の平均は 11.1 発言、セグメント内の発言者数の平均は 4.6 人でした。本実験では、発言タイプや発言予約によって生成された木構造を、以下の項目に関して、正解データと比較することで妥当性を評価しました。

（1）新たな話題を提示している継続発言
　経験的な問題として、議論が長くなるにつれ話題が次第に逸れていくというこ

とがしばしば発生します。そのため、発言数の多いディスカッションセグメント
に含まれる個々の発言内容を吟味していくと、そのセグメントのルート（根）で
ある導入発言における内容や意図とは関連の弱い継続発言が含まれる可能性が高
いでしょう。そのため、セグメント中で新たな話題を提示している継続発言の数
を調べることによって、継続発言の妥当性を検証しました。

（2）親発言の異なる継続発言

発言予約機能は、対象となる発言が行われている時点で発言予約を入れること
によって発言間のリンク情報を付与します。そのため、終了してしまった過去の
発言を対象として発言予約を入れても正しいリンク情報が付与されない可能性が
あります。そのため、親発言（継続発言が直接依存している発言）の異なる継続
発言の数によって、発言予約機能の妥当性を評価しました。

（3）複数のリンクをもつ継続発言

現在の発言予約機能では、親発言となる発言は1つに限定されていますが、そ
のセグメントで行われた議論をまとめるような発言を行う際には1発言だけでな
く、複数の発言を参照することが考えられます。そのため、発言予約機能で取得
しているリンク情報が十分なものであるかどうかを調べるため、複数のリンクを
もつ継続発言の数を調べました。

図3.12はシステムが生成した議論構造と正解データとの比較の例です。この例
において、上記の（1）に該当する発言は6で、（2）に該当する発言は3と5の2

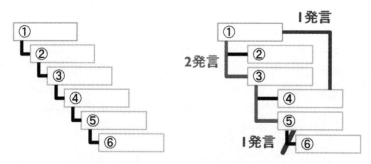

図 3.12　ディスカッションセグメントの比較

発言で、(3) に該当する発言は 1 と 3 とのあいだにリンクをもつ 4 の 1 発言となります。

　正解データは以下の手順によって作成しました。まず、ディスカッションセグメントの根となる導入発言の内容や意図がその後の継続発言に正しく反映されているかを確認するため、対象のセグメントの導入発言者に自身の発言の内容・意図と関連のない継続発言を選択してもらいました。次に、同研究室の大学生・大学院生 3 人に導入発言者の意図を踏まえたうえで、第 1 章で紹介したディスカッションブラウザでコンテンツを視聴しながら (1) から (3) の項目について正解データを作成してもらいました。最後に、個々に作成された構造を照合しながら、評価者が話し合って最終的な正解データを決定しました。

　DM システムによって生成されたディスカッションの構造と正解データとの比較を行った結果を表 3.1 に示します。

(1) 新たな話題を提示している継続発言の傾向

　表 3.1 から、ほぼすべてのディスカッションセグメントに新たな話題を提示している継続発言が存在しました。つまり 1 つのセグメントで複数の話題が存在することがわかります。新たな話題を提示する継続発言として最も多かったのが、直前までの議論をきっかけとして新たな話題を提示する発言です。例えば、直前までは「意味単位を分割できるか」という議論を行っていたところで、「逆に意味単位を統合できるか」と別の視点から話題を切り出す発言があり、新しい話題に移行しています。

　現在の発言タイプでは、このように柔軟な視点で議論を分割することはできません。1 つのセグメントの長さが長いほど閲覧に必要な時間が長くなるため、効率的なコンテンツの閲覧を実現するためには、より細かいセグメント情報を、発言タイプとは別の手法を組み合わせて取得することが望ましいと思われます。

　もし導入発言者が、自分の発言の内容・意図と関連のない継続発言が行われたという判断ができれば、より細かいセグメント情報を取得することができると考えられます。

(2) 親発言の異なる継続発言の傾向

　親発言の異なる継続発言は 4 発言あり、すべての継続発言（181 発言）内の 2.2% に相当することが確認できました。これより、発言予約機能によって取得し

表3.1　正解との比較結果

ID	総発言数	発言者数	話題の 異なる発言	対象発言の 異なる発言	複数リンクを もつ発言
1	14	6	1	2	2
2	13	5	1	0	3
3	13	5	1	0	3
4	10	4	2	0	0
5	13	4	2	0	2
6	8	4	1	0	2
7	7	4	1	0	1
8	6	4	1	1	1
9	17	5	1	0	1
10	11	4	1	0	2
11	11	4	1	0	0
12	5	3	0	0	0
13	16	5	6	0	0
14	13	5	1	1	3
15	14	4	1	0	1
16	11	7	2	0	0
17	9	5	1	0	1
18	8	5	0	0	1

た発言のリンク情報は妥当であると考えることができます。また、該当する発言を詳細に調べると、発言するタイミングが遅くなったことが原因であることがわかりました。発言予約機能は、発言予約を入れた時点で行われていた発言に対してリンク情報を付与するものですが、発言予約を入れた時点で発言が行われていない場合は直前の発言に対してリンク情報を付与するようになっています（もちろん、導入発言はこれには該当しません）。そのため、直前の発言よりも前に行われた発言に対して、リンク情報を付与することができません。この問題点の解決法としては、発言者が発言を行う際に対象となる発言を指定する手法が考えられます。そのため、参加者のもつディスカッションコマンダーにリンク先の発言（親発言）を修正するための機能を追加しました。

（3）複数のリンクをもつ継続発言の傾向

表3.1からわかるように複数のリンクをもつ継続発言は多く存在しました。個々の発言を見ていくと「議論が錯綜してきたので整理すると」「○○君も言っていたけど」といったように、それまでの発言や議論を受けた意見やまとめを述べる発言が多くありました。また、複数のリンクをもつ継続発言が存在しないセグメントは質疑応答の繰り返しや要望を出し合うものが多くありました。このことから「リンクの多い発言ほどその議論において重要」「複数のリンクをもつ継続発言が多いほどその議論は活発」といったように発言やセグメントの重要度や活発度を求めるための指標としてリンク情報は有効だと考えられます。

現状の発言タイプや発言予約機能だけでは、複数のリンク情報を取得することはできないのですが、親発言の修正と同様にディスカッションコマンダーを用いて参照したい発言を追加することで対処することができます。また、リアルタイムに入力する手法だけでなく、ミーティング終了後に入力するやり方も考えられます。例えば、重要だと思われる発言を複数引用して自分の意見やアイディアを記述するしくみを実現することで、同時に引用されている発言間に関連性を表すリンク情報を付与することができます。

このようにして、ディスカッションのより詳細な構造化が行われます。

■ 3.6　言語以外の情報を利用した構造化

DMシステムでは、発言内容のような言語情報以外に、プレゼンテーションスライドのどの部分について質問や意見を述べているかを示す、発言からスライドへの参照情報も利用しています。

すでに述べたように、ミーティングの参加者全員がディスカッションコマンダーとよばれるリモコンデバイスをもっていて、「導入」「継続」のタグづけや、発言予約、親発言へのリンクの修正などを行っています。また、このデバイスはポインターの機能もあり、スライドの一部を指し示すとともに、その情報（誰がどこをいつポイントしたか）をサーバーに送信しています。

スライドの一部を指示する方法はおもに2種類あり、図3.13の左のように、ポインターをドラッグ操作して任意の矩形領域を選択する方法や、同じく図3.13の右のように、スライド内の任意の文字列に下線を引いて選択する方法があります。

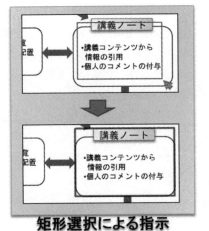

矩形選択による指示　　　　下線選択による指示

図 3.13　スライドの一部を指示する方法

　この情報（以下、指示情報とよびます）は、自動的に議事録に取り込まれ、閲覧するときの手がかりになるとともに、言語情報以外のメタデータとして、ディスカッションの構造解析に利用されます。

　3.5 節で述べた実験において、発言内容を調べたところ、スライド内の図などについて言及している議論において、図を指し示しながら発言を行っており、指示語（「これ」「それ」「この図」など）を多用する傾向がありました。その場合は、テキストを読んだだけでは発言の意味がわからないため、指示しているスライドの一部が自動的に議事録に取り込まれるようにしました。ちなみに、先ほどの実験において対象としたコンテンツ内の発言に含まれる指示語は平均で 28.0% でした。

　発言に含まれる指示語の傾向は大きく分けて、①それまでの発言や議論を指し示すもの、②スライド中のテキストを指し示すもの、③スライド中の図を指し示すもの、の 3 つとなることがわかりました。「その問題は…」といったようにそれまでの発言や議論を指し示す指示語の場合、指示対象である発言は発言予約機能によってリンクづけすることが可能なため、リンク情報を用いた閲覧によって指示語の内容を確認することができます。

　DM システムでは、発言者がディスカッションコマンダーを用いてスライド内

を指示すると、ポインターの座標情報が取得され、指示されたスライド中のテキストや図が抽出されます。スライド中のテキストが指示された場合は、議事録を編集するインタフェース上で、指示されたテキストが表示され、指示語の内容の入力を支援します。図の場合は、図3.14のように、発言中にその図を参照するテキストボックスが自動的に挿入されるので、適切な名称をつけて入力すると、その部分が指示された画像にリンクされます。

このような指示情報に基づいて、ディスカッションセグメント内の発言で話題が変わっているかどうかを判別します。図3.15のように途中の発言でスライド内の図などを新たに指示し、その後の発言でそのまま指示した状態が続く（ディスカッションコマンダーで指示の継続が選択できます）と、セグメント内で話題が

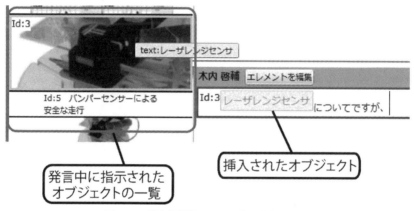

図3.14　議事録編集における指示情報の挿入

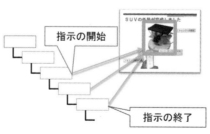

図3.15　ディスカッションセグメント内での指示の開始と終了

変わっている可能性が高くなります。

　このような行為をデータ化するのは指示情報が可視化されていないと困難ですので、筆者たちの開発した DM システムでは、従来のしくみでは分析が困難だった現象も含めて、ディスカッションを詳細に分析することができるのです。

■ 自然言語処理と機械学習

　自然言語処理の近年の発展と機械学習には密接な関係がある。今のところ機械学習の最大の成果は、音声や画像を解析するパターン認識技術であるが、以前から言語の理解をパターン認識の手法によって実現しようとする試みが行われてきた。その代表的な成果が確率文脈自由文法である。

確率文脈自由文法

　文脈自由文法の生成規則は $A \rightarrow \alpha$ の形をしている。これは左辺の非終端記号 A が右辺の記号列 α に書き換えられることを意味するが、この生成規則に A が α に書き換えられる条件つき確率 $P(\alpha|A)$ を付与したものを確率文脈自由文法とよぶ。同じ非終端記号を左辺にもつすべての生成規則の条件つき確率の和は1にならなければならない $\left(\sum_{\alpha} P(\alpha|A) = 1 \right)$。

　入力文 S の構文木 T が m 個の文法規則 $r_1, \cdots, r_m$ を適用することにより導出されるとすると、構文木の確率は、その導出に関与した規則の確率の積に等しい $\left(P(T,S) = \prod_{i=1}^{m} p(r_i) \right)$。入力文に対する最尤な構文木は、最大確率を与える導出だけを保持するようにチャート法を拡張することで求められる。また、生成規則の確率は、後述するインサイド・アウトサイド（inside-outside）アルゴリズムにより推定できる。確率文脈自由文法は、構文木の構造の大まかな傾向を捉えることができるが、語彙の係り受けに関する制約を表現することがむずかしいため、確率文脈自由文法より強力な表現力をもつ確率語彙化木接合文法などの言語モデルが提案されている。

　インサイド・アウトサイドアルゴリズムは、文脈自由文法の文法規則の確率を再推定する手続きである。再推定とは、推定すべきパラメータの初期値を適当に決め、直前の推定値を使って新しい推定値を求める反復改善法である。インサイド・アウトサイドアルゴリズムはEMアルゴリズムとよばれる最尤推定法の一種で、極大点に収束することが保証されている。訓練テキストにおいて規則 $\alpha \rightarrow \beta$ が適用された回数を $n(\alpha, \beta)$ とすると、この規則の確率は次式により推定できる。

$$P(\beta|\alpha) = \frac{n(\alpha, \beta)}{\sum\limits_{\gamma} n(\alpha, \gamma)}$$

ただし、一般に1つの入力文に対して複数の構文木が存在するので、上記の適用回数は、ある構文木における規則の適用回数をその構文木の相対確率で重みづけする必要がある。したがって、規則の確率の推定値があれば、

a) 入力文のすべての構文木を求め

b) 各構文木の相対確率を求め

c) 各規則の適用回数を求める

という手順により規則の確率の新しい推定値を求めることができる。インサイド・アウトサイドアルゴリズムは、文脈自由という性質を利用して、ある非終端記号が支配する部分木（inside）とそれ以外（outside）の確率の計算を独立に行うことにより、上のa)、b)、c) に相当する計算を効率よく行うものである。

また、自然言語処理の応用の代表例に、ある言語の文を別の言語の同じ意味の文に自動変換する機械翻訳がある。この機械翻訳をディープラーニングの手法で実現したものが、ニューラル機械翻訳である。これによって、機械翻訳の精度は格段に向上し、利用価値も上がっている。

ニューラル機械翻訳

翻訳は、実際の対訳例を学習に使えるので、原言語（翻訳元）の文を入力、目的言語（翻訳先）の文を出力とするニューラルネットワークを考える。このときに使われるのが、sequence-to-sequence（seq2seq）とよばれるディープラーニングの手法である（第2章のディープラーニングの Column で述べた Long Short-Term Memory（LSTM）の技術を用いている）。seq2seq は、Encoder-Decoder Model ともよばれ、以下の図1のよ

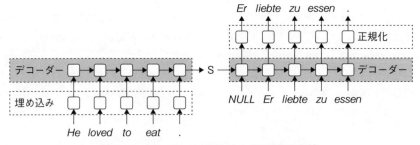

図1　Encoder-Decoder Model（英独翻訳の例）

うに、入力を処理するエンコーダーと出力を生成するデコーダーを組み合わせたモデルである。

　これは、系列データから系列データを生成するモデルなので機械翻訳のほか、対話モデルや文章要約にも用いることが可能である。文から系列データを生成するときに、語を分散表現（例えば、本文中で述べた word2vec）にして、より少ないデータで学習できるようにする場合がある。このときの特徴として、同じ原言語の単語（多義語でないものも含む）が必ずしも同じ単語に翻訳されない、表記（長音・中黒・半角スペースなど）が統一されない、などの問題がある。これは対訳辞書などを用いないために生じるが、辞書や文法をあらかじめ用意する必要がないというのはニューラル機械翻訳の大きな利点である。Google が公開している機械翻訳では、ニューラル機械翻訳が採用されている。さらに Google は、通常対訳の 2 言語間で 1 つのモデルを学習するところを、モデルのパラメータを共有して多言語間で 1 つのモデルを学習し、言語に対して普遍的な翻訳知識を獲得したと主張しており、未学習の言語間でも翻訳が可能であるとしている（これを Zero-Shot 翻訳とよぶ）。

　また、ニューラル機械翻訳（とくに Encoder-Decoder Model）は語順の情報などを適切に扱えないので、長文を翻訳すると品質が悪くなる傾向がある。そのため、注意（attention）というしくみが取り入れられている。注意は、入出力の比較的荒い対応関係を学習し、翻訳に関係する部分に着目しながら翻訳を行う手法である。Encoder 側の各階層の中間層をすべて記録し、「本が book に対応する」のような単語間の対応関係や文脈情報を Decoder 側に考慮させるしくみであり、これによって長文の翻訳精度を改善することができる。

第4章 人工知能で会議を支援する

　機械学習技術の目覚ましい発展によって、データアナリティクスや自然言語処理、さらに後述するパターン認識技術が大きく進歩しました。もちろん、それで知能の問題がすべて解決したわけではありませんが、少なくとも数年前よりは、自動化できる作業がかなり増大しました。最近のいわゆる人工知能は、以前から研究開発されてきたさまざまな人間支援の情報システムに、機械学習の技術を導入（あるいは、以前から導入されていた機械学習のしくみを改良）して、自動化の度合いを高めたものです。そして、最近の人工知能を搭載したシステムは、データを収集することによってより賢くなっていくことができるシステムです。

　会議支援（Column を参照）という領域においても、人工知能が活躍できる場があります。会議そのものを自動化して、人間を不要にする、という話ではなく、人間が創造性を十分に発揮して、生産性を高められるように、人工知能がその周辺の作業を肩代わりできるようにしようということです。会議においても、システムにいろいろな工夫を盛り込むことでさまざまなデータが収集でき、それを機械学習に用いることができます。ただし、第2章で述べたように、教師あり学習の場合は、教師信号（正解データ）が必要です。また、同じく第2章で説明した能動学習という手法によって、人間が少ない労力で適切なフィードバックを行うことで、学習モデルを更新できるようになります。ここでの学習モデルとは、会議を適切に進行させたり、話し合った内容を効率よく振り返って、その後の活動に適切に反映させたりするために有益な予測確率モデルです。このモデルは、具体的には、認識や要約の精度を向上することや、重要な課題をより正確に発見することに貢献します。

　本章では、経験を積むごとに賢くなっていく人工知能が人間同士の会議の内容を記録して、会議の効率を上げてくれるシステムについて説明します。そのシステムが、次のステップでは、人間のディスカッション能力を評価して、その向上を支援してくれるのです。

ディスカッション能力の向上を促進させるしくみは、第6章で述べますが、ここでは、筆者らが開発した、もう1つの会議システムとその機能についてご説明します。

■ 4.1 ミーティングレコーダー

ミーティングレコーダーは、大学研究室のセミナーに限定されないより一般的な会議を分析し、適切に情報をフィードバックすることで人間の創造活動の支援を行うために開発されたシステムです[1]。これは、図4.1のようなタブレットデバイスを利用した、対面式会議のための支援システムです。

このシステムは、とくに、音声によるディスカッションにおける発言の特徴を分析することができ、第1章で述べたディスカッションマイニング（DM）システムと同様にディスカッションコンテンツを作成します。

このシステムとDMシステムの最大のちがいは、持ち運びができるようになっていることです。DMシステムは、天井にパンチルトカメラや赤外線を発信するIRアレイとよばれる装置を設置する必要がありました。そのため、特定の部屋でしかミーティングが行えないようになっていました。データをたくさん取るためには、誰でも簡単に使えるようになっている必要がありますから、より設置が楽になるように設計し直す必要がありました。

図4.1 ミーティングレコーダー

ミーティングレコーダーは、会議風景を記録する全天球（360度）パノラマカメラと、スライド資料を閲覧しペンで自由に追記できるタブレットアプリケーション、発話者を特定し発話内容を文字化する音声認識システム、会議参加者全員の発話と表示した資料を総合して議事録を作成する議事録サーバーから構成されます。タブレットとパノラマカメラは無線ネットワークによって議事録サーバーと接続されています。つまり、同じ施設内にサーバーを設置しておけば、タブレットとカメラのみ持ち運べば、システムを利用した会議が行えます。また、参加者は全員、片耳に小型のウェアラブル（装着型）マイクロフォンを装着しています。これは、参加者が歩き回っても確実にその人の声を録音・認識できるようにするためです。このマイクは、タブレットと無線で接続され、タブレットを経由して音声認識システムに音声がリアルタイムに送信され、認識結果が議事録サーバーに集約されるようになっています。

　議事録サーバーでは、機械学習を用いて、議論における話題の切り替わりとなる発言を推定します。それによって議事録を話題ごとに分割し、発言数やその話題における発言者数を考慮して、それぞれの話題の重要度を決定することができます。

　議論をさらに構造化することができれば、より高度な処理が実現できます。その構造化のためには多くのデータを収集する必要があります。このシステムは、できるだけ簡易なやり方で、ミーティングに関する音声や映像を含むさまざまなデータを収集し分析します。

　例えば第1章で述べたように、発言とスライド資料の関係を用いてグラフを構成し、そのうえで活性拡散を実行します。活性拡散は、グラフ上の被参照度の高いノードに高い活性値が与えられるしくみで、この活性値によって、発言の重要度を計算することができます。

　これによって、優先度の高い話題と重要度の高い発言を選択して、議事録のサマリーとして提示することができるようになります。また、第1章と第2章で述べた課題発言のような、将来解決すべき重要な問題について述べている発言を発見して、参加者にリマインドすることができるでしょう。

　また、筆者らは、ミーティング後に利用するシステムとして、ミーティングにおける重要な発言を参考にして、話題となったアイディアを整理・発展させる、あるいは、課題発言で述べられていた課題を解決するための活動をプランニング

する、などのミーティング後の活動を支援するしくみも開発しています。このようなシステムは、創造活動支援システムとよばれます。

このシステムは、議事録から抽出された発言を引用して、メモやレポートを書き、活動計画を立案してスケジュール管理をし、グループ内で閲覧・評価できるようにします。さらに、将来的には、アイディアの発展の過程を機械学習によってモデル化できるようになるでしょう。そのために、ミーティングで提示されたアイディアがどのような活動で利用・再考されたか、再度ミーティングで提示したときにどのような意見が出たか、アイディアから派生した課題が達成されたときどのような評価だったか、などを分析する必要があります。

この分析結果に基づいて、アイディアの創造性を推定する機械学習モデルを構築します。このモデルを、初期のアイディアに適用することで、そのアイディアの将来の発展性が予測できるでしょう。アイディアの創造性の評価は、同様の問題に対する複数のアイディアに対して優先度を設定するために利用できます。筆者らは、人間がこの優先度に従って活動することによって、イノベーションを加速させることができると考えています。これについては、本書の第8章で詳しくお話したいと思います。

本章では、このミーティングレコーダーのいくつかの機能とミーティング後に利用するシステムの概要を述べたいと思います。

■ 4.2　パノラマカメラによる参加者の顔のトラッキング

全天球パノラマカメラ（あるいは、単にパノラマカメラ）は、最近は一般向けにも販売されるようになりました。これは、カメラを中心にして360度の周囲と天地、つまりすべての方向の写真および映像を撮影できるカメラです。魚眼レンズを2枚重ねたようなしくみのため、図4.2のような歪んだ画像が撮影されますので、PCを使って、通常のカメラで撮影したような画像に変換して表示します。図4.2では、さらに、写っている人や物の認識を行った結果を示しています。

DMシステムでは天井にパンチルトカメラ（PCで向きを変えられるカメラ）を使って、発言者の顔を撮影していましたが、発言者が歩き回ったりして場所を移動したときは、カメラが追従できませんでした。ミーティングレコーダーでは、会議中に立って歩き回る人がいることを想定して、パノラマカメラでミーティン

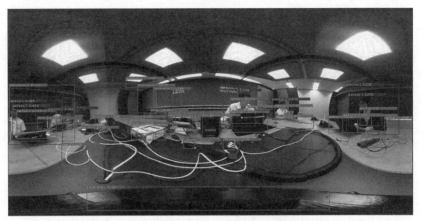

図 4.2　パノラマカメラで撮影した画像の例

グシーンを録画し、参加者の顔をトラッキング（追尾）します。

　これは、あとで記録したコンテンツを閲覧するときに、発言から発言者のそのときの映像を容易に検索できるようにするためです。参加者の顔がパノラマ映像のどの位置に写っているかを解析することで、発言者の ID と発言開始時刻から、そのときの発言者の映像をパノラマ内で見つけることができます。

　また、前述のように、参加者は小型のマイクを耳に装着して会議に参加しており、全参加者の音声がそれぞれ別々に収録されます。そして、図 4.3 に示すように、音声認識結果とスライドなどの会議資料は参加者ごとのタブレットに同期的に表示されます。図 4.3 に示す画面の右側には、音声認識結果が、チャットログ形式で表示されます。ユーザー自身の発話は右揃えに、それ以外の人の発話は左揃えに表示され、人ごとに色分けされています。この色は、該当するユーザーのペンストロークの色とも一致しています。画面の左側には会議資料が表示され、ペンで書き込みができるようになっています。資料を表示せずに、背景を白くしてホワイトボードのように利用することもできます。画面の上部には、そのときのトピックを表す発話内容の一部が表示されます。

　ところで、映像内に人間の顔を発見し、その動きを追跡するしくみは、パターン認識技術を用いて実現されます。

　パターン認識とは、音声や映像などの物理的信号の振る舞い（パターン）を解析して、何らかの意味を認識することです。例えば、写真に写っているものを識

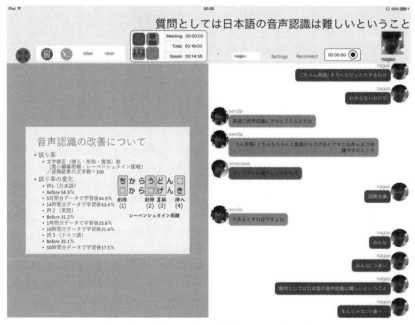

図 4.3　ミーティング中のタブレットの画面

別してその一般名称を答える、という処理にはこの技術が利用されます。

　パターン認識の問題は、一般に人間が正解を与えることができますから、機械学習（とくに教師あり学習）と非常に親和性が高く、ほとんど機械学習なしには考えられなくなりつつあります。パターン認識に機械学習を適用する場合、図 4.4 に示すような流れになることが多いです（この図では入力を画像としていますが、音声や映像でも同様です）。つまり、訓練データを分析して特徴量（データの内容を代表する、より抽象度の高いデータ）を抽出し、それを入力とし、教師信号を出力として与えて学習モデルをつくります。その結果を用いて、一般のデータから認識結果を得ます。パターン認識の場合、画像や映像そのものを機械学習の入力として、特徴量の抽出も含めて機械学習に任せてしまうやり方も存在します。第 2 章の Column で述べたディープラーニングは、特徴量抽出も機械学習の対象に含めてしまったことに大きな意味があります。ただし、学習のためには大量の訓練データが必要になります。

　画像内の顔の部分を取り出して、その人の名前を関連づける問題では、Haar-

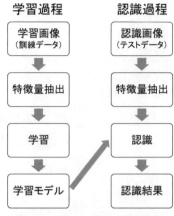

図 4.4　パターン認識と機械学習

Like（ハールライク）特徴とよばれるパターンから特徴量を抽出して、学習に利用する場合があります。Haar-Like 特徴とは、図 4.5 に示すような、画像を白黒にしたとき（それを 2 値化といいます）の矩形領域パターンのことで、画像内を小さな窓で少しずつ見ていったときにこのパターンが見つかった場合に、次の値を計算します。

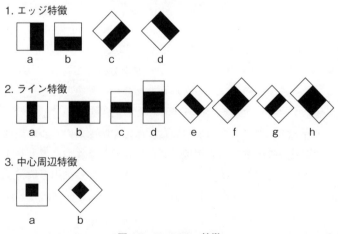

1. エッジ特徴
2. ライン特徴
3. 中心周辺特徴

図 4.5　Haar-Like 特徴

特徴量 =

矩形パターン内の黒領域の画素値の合計 − 矩形パターン内の白領域の画素値の合計

1つの画像は、色の値をもつ2次元配列で表されますから、その行列を細かい領域に分割して、Haar-Like 特徴が見つかったときの特徴量を値としてもつベクトルで表現することができます。

Haar-Like 特徴には、図4.5 に示したようないくつかのパターンがありますので、それぞれのパターンごとに対応した学習が行われ、各パターンの識別器（画像のどこにその特徴が表れているかを決めるしくみ）がつくられます。そして、各パターンの重要性に応じて、それぞれの識別器の結果に重みをつけて合算し、最終的な識別器を構成します。

このような学習結果に基づいて、パノラマカメラで撮影した 360 度の映像から発言者の顔を見つけるやり方は、次のようになります。

(1) ミーティングを始めるときに、各参加者は、自分の使用するタブレットで、パノラマカメラが撮影した画像（図4.2 のような画像ではなく、閲覧しやすいように変換したもの。指で左右にスクロールできる）を閲覧し、自分の顔が写っている部分を探して、マーキング（顔の中心を指でタッチ）します。このとき、自分のユーザー ID（固有のユーザー名）を入力して、マーキング情報（タッチした座標と時刻）とともにサーバーに送信します。

(2) 参加者が発言すると、その人が装着しているマイクを通じて、音声認識（4.3 節で説明します）が行われます。その結果、その発言者のユーザー ID と発言開始時刻と発言内容がサーバーに送信されます。

(3) サーバーでは、(1)で取得したユーザー ID ごとの顔の特徴、(2)で取得した発言者のユーザー ID と発言開始時刻から、パノラマカメラの映像のスナップショットを取り出し、機械学習モデルを利用して、発言者の顔を発見します。

(4) それ以降の時刻では、一定の時間間隔で、同じ人の画像を発見します。一般に、最初に見つけた顔の位置の周辺を探索しますので、最初に見つけるときよりは、高速で発見できます。

(5) 発言者が交代した場合、同様の処理を行って、新しい発言者の顔を発見・追跡します。

このときの顔の認識は、あとで記録したコンテンツを閲覧するときに役に立つだけでなく、発言者の話し方を見て、ディスカッション能力を評価する手がかりとすることもできます。

■ 4.3　音声認識とペン入力

先ほど述べたように、ウェアラブルマイクロフォンから入力された会議参加者の音声とその内容は、発言者のユーザー ID や発言開始・終了時刻とともにサーバーに記録されます。一般に、発言する意図がなくても参加者が何かしゃべることはありますから、ミーティング中の時刻ごとに、複数の音声が送信された場合は、そのなかで最も音量の高いものを選択して、それを発言とみなして、音声認識結果を表示します。

音声認識には、クラウドサービスの音声認識（具体的には、IBM Watson Speech-To-Text API）を利用します。これを使う理由は、ミーティングのような長時間の音声認識が可能であること（多くの場合、一度の認識の時間は最長 1 分程度に限定されています）と、精度の高い音声認識を新たに一からつくることは非常に困難だからです。音声認識は他のパターン認識の問題と同様に、機械学習の結果を用いて処理されますが、そのための訓練データを収集するのはきわめて困難です。そのために、いくつかの IT 企業（代表的なものは、Apple、Google、Amazon）は、クラウドサービス（インターネットを使って利用できる情報サービス）として公開し、ユーザーから音声データを収集できるようにしています。正解データは、おそらく作業者が訓練データ用に収録された音声を聞いて、その書き起こし文を作成することで獲得されます。筆者らのように、学習に十分な音声データやその書き起こし文がないところから、精度の高い音声認識を実現するのはきわめて困難です。ちなみに、音声認識のための正解つき訓練データは、20 万時間分くらい必要だそうです。

自分たちでつくることが困難でも、しくみを理解しておくのはよいことですから、ここで、音声認識のしくみについて簡単に触れておこうと思います。

音声をマイクで入力すると、図 4.6 のような波形として見ることができます。この場合は、横軸が時刻で、縦軸が振幅です。このようなデータを音声波形といいます。

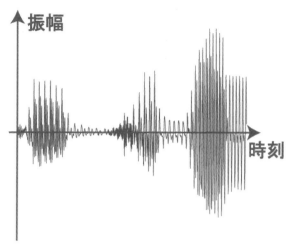

図 4.6 音声波形

　この音声波形を音素の列に変換します。音素とは、子音や母音などの音声の最小単位で、波形を人間が見て便宜的に決められています。音素は言語によって微妙に異なり、日本語は 40 個程度の音素によって構成されます。

　音声波形を音素列に変換するために、あらかじめ音素ごとの特徴を分析しておき、入力された波形を、短い時間区間を少しずつずらしながら各音素の特徴が表れているかを確認していきます。これも画像と同様に、入力データの特徴量を取得して機械学習を行って識別器を作成するやり方です。ちなみに、非常に複雑なので説明は省略しますが、音声の特徴量としてケプストラム（cepstrum）というものがあります。これは、音のスペクトル（周波数ごとの音の強さ）を変換して得られる特徴ベクトルです（cepstrum は "spectrum" の最初の 4 文字をひっくり返した造語）。ケプストラムが用いられる理由は、ケプストラムが人間の声道によって歪められた音声信号から声帯の振動に起因するエネルギーだけを分離できることによります。さらに、ケプストラムを改良したメル周波数ケプストラム係数（mel-frequency cepstrum coefficients; MFCC）という特徴量がよく使われています。前者と後者のちがいは、後者が、メル尺度フィルタというしくみを用いて周波数ごとに現れる音声の特徴を強調している点です。

　音声の特徴量を使って音素の識別ができるようになると、次は、音素の列（並

び）を推定する問題になります。このとき、第 3 章で説明した文の形態素解析における　ラティス構造のようなものがつくられます。形態素ラティスと決定的に異なるのは、人間の発声には、時間的な伸縮があって、同じ発音をしようとしても時間的な長さが変動するということです。このため、各音素の時間的な変動を吸収し、音素間のつながりを推定できるようなしくみが必要です。これも説明がむずかしくなるので簡単に触れますと、図 4.7 のように、円で示した「状態」と、状態と状態との「遷移」を矢印で表した図式を考えます。例えば、「o」の音素に近いものが連続的に入力されたら「o」の状態を保持して、「o」の状態で別の音素「n」に近いものが入力されたら「n」の状態に遷移します。このような図式を単語ごとに用意して、波形が最後まで入力されたら、最も尤度の高いものを選択して認識結果とします。この単語ごとに用意する音素の状態遷移図のようなものを、隠れマルコフモデル（hidden Markov model; HMM）という手法を使って実現しています。

　この HMM も、いくつかのパラメータをもっていて、機械学習を用いてパラメータ推定します。ちなみに、音声認識も、再帰型ニューラルネットワーク（第 2 章の Column を参照）という時系列情報を扱えるように拡張されたニューラルネットワークを用いて、ディープラーニングのしくみで実現できます。この場合も、MFCC に相当するような特徴量が自動的に発見されるでしょう。

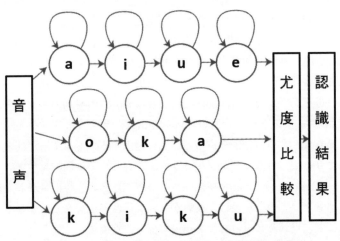

図 4.7　隠れマルコフモデル（HMM）を用いた音声認識

さて、ミーティングレコーダーでは、音声認識が行われるごとに、各発言者の発言が文字化され、参加者全員のタブレットに表示されます。このとき、前述のパノラマカメラから抽出された、該当する発言者の顔画像も同時に表示されるようになっています。

　ところでタブレットには、発言のテキストのほかに、参考資料としてサーバーに送信されたファイル（おもに PowerPoint スライド）の画像も表示することができます。これは、発言者が自分の説明に利用できる資料画像を一覧から選択すると、全員のタブレットに同期的に表示するようになっています。

　さらに参加者は、この資料にタブレットとリンクされたペンを用いて、自由にマーキングする（下線を引いたり、丸で囲むなどして印をつける）ことができます。このペンによるマーキングも、参加者全員のタブレットで同期的に表示され、発言と（マーキングを含む）資料は自動的に関連づけられ、後述する議論の構造化にも利用されます。また、話しながら資料上に図形を書き込んだ場合は、その図形を資料上で選択（ペンでタッチ）すると、発言内容が検索されて図形の横に表示されるしくみも実現されています。

　ちなみに、手書き文字の認識もパターン認識の一種で、機械学習によって高い精度で実現できるはずですが、やはり、大量の訓練データが必要なので、現在のところ、システムには組み込まれていません。文字を書くよりも声で話すほうが人間にとって負担が少ないと思いますので、ペンで書く内容は、文字よりも図形的のもののほうが多いと考えています。

■ 4.4　議事録生成

　ミーティングレコーダーで作成される議事録は、映像・音声・画像・テキストを含み、Web ブラウザを利用して、検索および閲覧が可能です。議事録のユーザーインタフェースは図 4.8 のようになっています。パノラマカメラで撮影された映像、タブレットに表示されペンでマーキングされたスライド画像、音声認識された発言テキストなどが表示されています。映像を表示しているときは、発言者が交代すると自動的に左右にスクロールされ、発言者が表示されます。スライド画像と発言内容は対応づけられていて、スライド画像ごとに、順序づけられた発言のリストが表示されます。また、次節で述べる話題分類の手法に基づいて、

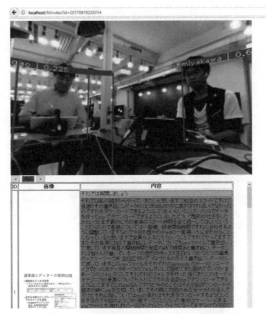

図 4.8　議事録インタフェースの画面例

話題ごとに発言が分類されて表示されます。

　第1章で述べたディスカッションブラウザと同様の機能を有していますが、この時点では、ディスカッションは木構造を構成していません。それは、ミーティングレコーダーでは、参加者の負担を減らすために、発言タイプのタグづけや、継続発言の場合の親発言の指定を行うようになっていないからです。そこで、DMシステムで作成・蓄積したディスカッションコンテンツを訓練データとして、ミーティングレコーダーで収録したディスカッションを構造化する必要があります。これによって、ディスカッションマイニングで利用されてきたさまざまな機能が利用できるようになります。それは、ディスカッションコンテンツの要約や課題発言の発見などです。

　どのように木構造を構成するかに関しては、まず、4.5節で述べるように、発言の集合を話題ごとに分類することから始まります。しかし、話題が何であるか、ということを理解するにはかなり高度な意味処理が必要になりますから、ディスカッションマイニングで付与したタグ（「導入」と「継続」）を機械学習でモデル

化し、導入発言と推定される発言が現れたら、話題が変わったとみなすことにします。このやり方でしたら、これまで DM システムで蓄積したディスカッションコンテンツのタグつき発言データがそのまま訓練データとして利用できますから、ミーティングレコーダーで一からデータを収集して学習モデルをつくらなくても、とりあえずこの機能を実現して利用することができます。もちろん、ミーティングレコーダーのデータも使って、第 2 章で述べた能動学習を行えば、最小限の労力で分類の精度を上げていくことができるでしょう。

さて、発言に対して「導入」と「継続」のタグを推定することができたら、次は継続発言がその前のどの発言と関連しているかについて調べる必要があります。この問題を解くために、条件つき確率場（conditional random field; CRF）とよばれる手法を適用します[2]。この手法は、系列データ（順番に並んでいるデータ）に含まれるそれぞれのデータに確率的に属性を付与する手法で、1 次元の条件つき確率場は、第 3 章で述べた文の形態素解析のように形態素に品詞を割り当てたり、本章で述べた音声認識のように分割された波形に音素を割り当てたりするような問題に適しています（本書では、それぞれの問題に伝統的に用いられてきた手法について触れましたが、同じ問題を解くやり方は複数存在します）。また、2 次元の条件つき確率場は、系列データ内のデータ間の依存関係を推定する問題に適しています。そこで、発言間の依存関係を推定し、ディスカッションの木構造を構

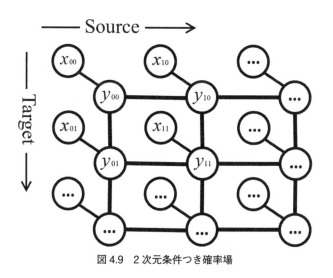

図 4.9　2 次元条件つき確率場

築するために、2次元の条件つき確率場を利用することにします。

2次元の条件つき確率場は図 4.9 のような構成になっています。この図 4.9 では、依存関係の元の要素を Source、依存先の要素を Target とよんでいます。発言の場合は、Target の発言が Source の発言の親発言ということになります。条件つき確率場は、無向グラフ（方向のないリンクでノードがつながれたグラフ）により表現される確率的グラフィカルモデル（ノードが確率変数となる図的表現）の一つであり、リンクは 2 つの確率変数間の依存関係を表しています。

図 4.9 では、同じ発言が異なる親発言をもつ場合を縦方向のノードで表し、同じ親発言に依存する発言（継続発言）を横方向のノードで表しています。他の機械学習手法と同様に、$p(Y_i \mid X_i; \theta)$ という条件つき確率を最大化するパラメータ θ を、確率的勾配降下法などを用いて推定します。X は観測値（目的変数）とよばれ、Y は潜在変数（説明変数）とよばれます。ここでは詳細は省きますが、このしくみによって、ミーティングレコーダーで収録したディスカッションを DM システムと同様の木構造として構造化することが可能になります。

■ 4.5 話題ごとの分類

4.4 節で述べたように、ディスカッションマイニングによって得られたデータに基づいて、話題を新規に導入するか、以前の話題を継続するかの観点で発言を分類する機械学習モデルを構築しました。それによって、音声認識結果をリアルタイムに分類し、話題の切れ目を認識することができます。

機械学習のモデル構築のために利用した特徴は以下のとおりです。

- ある発言とその 1 つ前の発言のあいだで、表示しているスライド画像が一致しているかどうか
- 2 つ前の発言と発言者が同じかどうか
- 1 つ前の発言からどのくらい時間が経過しているか
- 1 つ前の発言との類似度（発言をベクトル表現にしたときのベクトル間のコサイン類似度）
- 形態素のユニグラムとバイグラム（第 3 章参照）
- 発言中にスライドを変更したかどうか
- Entity Grid（後述します）

- 発言に含まれる文の長さ
- ディスカッションコマンダーでスライド内をポイントしたときに経過した時間
- ポインターを使った場合に、1つ前の発言でポイントされた指示対象と一致しているかどうか
- 発言に含まれる文の数
- 発言に指示表現（代名詞など）が含まれているかどうか

　発言をベクトル表現にするときには、過去の議事録から計算したTF-IDFという値を用います。TF-IDFは、TF（Term Frequency、単語の出現頻度）とIDF（Inverse Document Frequency、逆文書頻度）の2つの指標に基づいて計算されます。

$$tfidf_{ij} = tf_{ij} \cdot idf_i$$

$$tf_{ij} = \frac{n_{i,j}}{\sum_k n_{k,j}}$$

$$idf_i = \log \frac{|D|}{|\{d : d \ni t_i\}|}$$

ここで、n_{ij}は文書d_jにおける単語t_iの出現回数、$\sum_k n_{k,j}$は文書d_jにおけるすべての単語の出現回数の和、$|D|$は総文書数、$|\{d:d\ni t_i\}|$は単語t_iを含む文書数を表します。これより、IDFは一種の一般語フィルタとして働き、多くの文書に出現する語（一般的な語）は値が下がり、特定の文書にしか出現しない単語の値を上げる役割を果たします。発言のベクトルは、議事録全体においてTF-IDFが上位10%以内の単語をTF-IDFの値順に並べたものを素性とし、その値は、発言中に存在すればその単語のTF-IDFの値を、存在しなければ0になります。

　Entity Gridとは、一貫性のあるテキストにはそのなかで述べられている要素の出現の分布に規則性があるという仮説に基づいたモデルで、行に文を列に文中の要素をそれぞれ対応させた行列として表します[3]。その各項には、文の要素のその文における構文役割とよばれるものが対応します。これは、具体的には、主語（S）、目的語（O）、その他（X）、出現せず（-）の4種類です。

　例えば、図4.10に示す4つの文から、表4.1のようなEntity Gridがつくられます。

s_1 [BELL INDUSTRIES Inc.]$_S$ increased [its quarterly]$_O$ to [10 cents]$_X$ from [seven cents]$_X$ [a share]$_X$.
s_2 [The new rate]$_S$ will be payable [Feb. 15]$_X$.
s_3 [A record date]$_S$ hasn't been set.
s_4 [Bell]$_S$, based in [Los Angeles]$_X$, makes and distributes [electronic, computer and building products]$_O$.

図 4.10 例文（論文 3 より引用）

表 4.1 Entity Grid の例（論文 3 より引用）

	BELL	quarterly	10 cents	seven cents	share	rate	Feb. 15	date	Los Angeles	products
s_1	S	O	X	X	X	-	-	-	-	-
s_2	-	-	-	-	-	S	X	-	-	-
s_3	-	-	-	-	-	-	-	S	-	-
s_4	S	-	-	-	-	-	-	-	X	O

ここで、s_1 の BELL INDUSTRIES Inc. と s_4 の Bell は共参照解析という手法によって、同じものを指すことがわかっているものとして、同じ BELL というカラムに入れています。どちらも文の主語なので、構文役割は S になっています。代名詞などを用いて同じ対象を指す場合も、同様の解析を行って、同じカラムに入るようにします。

この Entity Grid を特徴ベクトルとして用いるために、ある連続する 2 つの文における名詞の構文役割の変化を調べ、遷移確率を計算します。ある構文役割の遷移確率は、遷移全体におけるその遷移の出現確率として計算されます。例えば、図 4.10 の文章の Entity Grid の例（表 4.1）では、BELL は s_1 では S であり、次の文 s_2 では出現しないので - になっていますので、$S \rightarrow$ - という遷移になっています。このような 2 文間での構文役割の遷移は、全部で 10（要素の数）x_3（連続する文での遷移の数。つまり、s_1 から s_2、s_2 から s_3、s_3 から s_4）＝30 回あり、$S \rightarrow$ - という遷移の出現数は、BELL が s_1 から s_2 で 1 回、rate が s_2 から s_3 で 1 回、date が s_3 から s_4 で 1 回あるので、合計 3 回です。つまり、$S \rightarrow$ - の遷移確率は、3／30 ＝ 0.1 になります。

2 つの連続する発言間で、この構文役割の遷移確率を求めるために、格助詞「は」に着目しました。それは、「は」の前の来る名詞句がその文の主題を表して

いることが多いからです。それで、発言中に含まれるすべての文に関して、格助詞「は」の直前の名詞句を集め、次の発言にその名詞句あるいはそれと同じものを指す名詞句の存在が確認された場合、それらの名詞句の構文役割を調べ、その遷移確率を計算しました。遷移の全体数は、同じミーティングのディスカッションコンテンツ全体を解析してカウントしました。

さて、訓練データには、DM システムで作成したタグつきの発言集合を用い、機械学習手法には、第2章で説明したロジスティック回帰分析を適用しました。その結果、テストデータで評価したときの F 値は表 4.2 のようになりました。これは 10 分割交差検証（クロスバリデーション）を行って計算しています。

表 4.2 は全素性（特徴）を用いたときの F 値と、どれか一つの素性を除いて学習を行ったときの F 値を示しています。これによると、発言時に表示しているスライドが1つ前の発言のときのスライドと同じかどうかという特徴が最も F 値に貢献していることがわかります。この特徴を除いて学習したときの F 値は 0.7611 で、他と比べて最も低い値になりました（表 4.2 に＊で示しています）。

ミーティングレコーダーで収録したコンテンツの場合は、ポインターではなくペンでマーキングした部分をスライド（会議資料ならスライドでなくてもよい）

表 4.2　導入発言の識別に関する評価結果

素性	F 値
全素性	0.9555
1つ前の発言と表示スライドが同じか	＊ 0.7611
2つ前の発言と発言者が同じか	0.9101
1つ前の発言からの経過時間	0.9434
1つ前の発言とのコサイン類似度	0.9519
形態素ユニグラム、形態素バイグラム	0.9525
発言中にスライド変更が行われたか	0.9537
Entity Grid	0.9543
文の長さ	0.9555
ポインタによる指示時間	0.9555
1つ前の発言と指示対象が一致するか	0.9555
発言中の文の数	0.9555
指示表現の有無	0.9555

内の指示対象とみなしています。マーキングは、全員のタブレットで共有されますので、他者のマーキングを選択して発言することができ、発言間での指示対象の一致を調べることができます。

これによって、ディスカッションマイニングのデータで学習したモデルを、ミーティングレコーダーのデータに適用できるようになります。もちろん、ミーティングの内容によっては、学習モデルによる予測精度が十分ではない場合がありますから、第2章で述べた能動学習などの手法を使って、学習モデルを更新していく必要があります。そのためには、ミーティングのあとに、教師信号に相当する情報をユーザーにフィードバックしてもらうしくみを実現しなければなりません。

そこで、本章の最後に、ミーティングが終わってから次に行うべき行動を支援し、同時に、モデル更新のためのデータを獲得するシステムについて説明します。

■ 4.6 ミーティング後の支援

第8章で再び述べますが、筆者らがつくっているのは、単にミーティングを記録して知識発見をすることで人間を支援する、というだけのシステムではありません。人間の創造活動全般を支援して、人間がより創造的な仕事を効率よく行えるような環境をつくることが目的です。また同時に、人間がその潜在能力を拡張することができ、システムの精度向上と人間の能力拡張が正の循環を成すようなしくみを考えています。

つまり、ミーティング後の支援とは、1つは、ミーティングで得られた知識を参加者のその後の活動に活かせるようにすること、そして、もう1つは、ミーティングを通して参加者の能力（とくにディスカッション能力）を評価してその向上を促進させること、の大きく分けて2つのことを含んでいます。

ディスカッション能力の評価とその向上支援に関しては第6章で詳しく説明しますので、ここではミーティングの結果をその後の行動に活かすためのしくみについてお話したいと思います。

ミーティング終了後に利用する情報ツールとして、図4.11に示すような、活動メモ作成アプリがあります。これは、ミーティングレコーダーやDMシステムで収録し構造化したコンテンツのなかで、学習モデルで推定された課題発言を選択

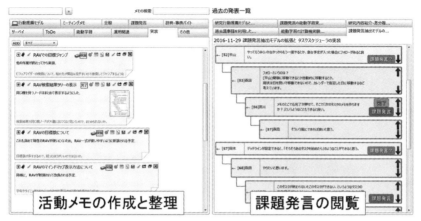

図 4.11　活動メモ作成アプリケーション

して表示し、その内容を確認して、活動メモを作成・編集・整理するためのシステムです。また、過去のミーティングを話題ごとに分類して、いくつかの重要な発言を選択して表示することもできます。

　活動メモは、ミーティングによって判明した課題を達成するための計画や進捗状況などを書きながら、自分のやるべきことを整理するためのコンテンツで、関連する課題発言をメモ内に引用することができます。課題発言は、ディスカッションコンテンツに関連づけられていますので、その周辺の発言を閲覧することもできます。このとき引用された課題発言は、正解データとして登録され、再学習時に利用されます。第 2 章で述べた能動学習は、教師信号を付与すべき発言を選択できますが、システム上でこの発言を強調して表示することで、ユーザーに閲覧・引用を促すことができます。ある程度時間が経過しても引用されなかった発言には、不正解であるという教師信号が付与されることになります。

　活動メモを作成して、その計画を立てるときに、自分のスケジュールを確認する必要があります。図 4.12 はタスクスケジューラとよばれるシステムで、活動メモの内容を取り込んで、適切な日付と時間に関連づけるとともに、他の活動および遂行中の課題などを確認して、調整することができます。図 4.12 の左上の円グラフは、その週およびその月の活動に要する時間の割合を示しています。また、その下の縦棒グラフは、月ごとの課題達成数を、その右の横棒グラフは、すべての課題に占める累計課題達成数を表示しています。これらのデータは活動の計画

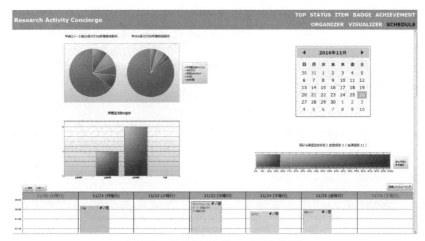

図 4.12　タスクスケジューラの画面例

を立てるだけでなく、活動の評価を行って、自分のスキルレベルを知るためにも利用できます。

　また、複数の活動を並行して行う場合は、遂行する課題に依存関係があるかどうかをチェックして優先度を考慮してから計画を立てたほうが、遂行時の効率がよくなるでしょう。例えば、課題 A を遂行するのに、プログラム X の実装が必要だとして、そのプログラム X は、別の課題 B の成果であるプログラム Y を改変して実装可能だとすると、課題 A と課題 B には依存関係があることになります。また、その場合、課題 A より課題 B を先に達成するほうが、効率がよいと思われます。このような課題間の依存関係を発見するために、活動メモおよび引用している課題発言とその元になったディスカッションコンテンツを解析して、依存関係の手がかりを見つけます。

　依存関係の手がかりとしては、話題の類似性、予想される成果物の仕様や用途の共通性、何かの発展なら元のアイディアとの派生関係などを解析して利用します。とにかく、ミーティングを続けていれば、推論に利用できるデータが必ず含まれているはずです。

　このように、機械学習や自然言語処理を組み合わせた人工知能システムが、人間の創造的活動を支援してくれるようになるためには、人間が包み隠さず、何でもシステムに入力してあげる必要があるのです。

■ 会議支援

　会議（meeting）はコミュニケーションの重要な機会であるが、うまく使わないと多大な時間の浪費につながってしまうため、さまざまな支援技術が必要とされる。具体的には、会議のログ（議事録）を再利用することで会議の内容をその後の活動に効果的に活かす技術や、会議中に議論の状態を可視化して議論が迷走しないようにするファシリテーション（facilitation）支援技術などがある。

会議支援の種類
　会議支援（meeting support）にはさまざまな種類がある。おもなものは以下の3つである。
● 対面会議支援
　参加者が同じ場所に集まって行う一般的な会議の支援である。これには議論内容を適切に共有するためのしくみ、大型スクリーンに表示された会議資料と連動して補足情報を提示するしくみ、電子ホワイトボードなどと連動して会議をファシリテートするしくみなどがある。
● 遠隔会議支援
　参加者が異なる場所にいて参加する会議の支援である。遠隔会議支援はさらに同期型と非同期型に分かれ、それぞれのための支援方法がある。遠隔同期型の会議の典型例はテレビ会議であり、非同期型の典型例は、電子掲示板などを用いた電子会議システムである。
● 議事録作成支援
　対面・遠隔によらず、会議の内容を再利用できるようにするための議事録作成を支援する。議事録作成支援は、音声認識などを用いた全自動作成と、人間と機械が協調する半自動作成の2種類に分かれる。

対面会議支援
（1）情報共有
　グループウェア（groupware）の機能の一つとして、会議資料をオンラインで閲覧可能にするシステムが存在する。これをあとに述べる議事録作成支援と組み合わせることで、発言内容と配布資料を関連づけることができる。また、複数の会議参加者が同時に

書き込める黒板大の共有エディタ（後述）や、各参加者が持つ端末を操作して、参加者が作成した資料を共有データとして黒板に表示させる機能などが実現されている。

(2) ファシリテーション

ファシリテーションとは、会議を含むタスク指向のコミュニケーションを円滑に進め、問題解決や合意形成を促進するための技術や方法論のことである。話し合いをうまく仕切り、議論を誘導し、参加者の意欲を向上させること（一般に調整役とよばれる人が行うこと）や、そのために必要なスキルをまとめたものである。ファシリテーション機能を自動化するのは容易ではないが、議論の状態を可視化するなどの手段によって、発散した議論を自発的に打ち切るといった行動をとるように、システムが参加者に促すしくみが考えられる。

(3) 意思決定支援

意思決定（decision making）で重要なのは、「誰がいつ何に関してどのような経緯で決定を下したのか」を正確に記録して、検索可能にすることである。それによって、一度決めたことを繰り返し議論するような非効率的な会議を減らすことができる。これも後述の議事録作成支援によって解決できる。その他の意思決定支援には、根拠となるデータの可視化（この技術は情報可視化（information visualization）というテーマで研究されている）や、シミュレーションによる未来予測技術がある。

遠隔会議支援

(1) 同期型と非同期型

遠隔会議は、テレビ会議やテレカンファレンスのような同期型のものと、電子掲示板を用いた非同期型のものがある。同期型か非同期型かのちがいによって、その支援のやり方が異なる。同期型の場合は、音声や映像を遅延なく送受信し、誰が話しているかを認識してその人の顔を表示する技術などが必要である。非同期型では、過去の発言を参照し、その引用を投稿できるしくみや、議論の流れを可視化して理解を容易にする技術などが有用である。

(2) テレビ会議システム

テレビ会議システム（videoconferencing system）は、インターネットを使って複数地点の音声・映像を送受信するシステムである。初期のものに、コーネル大学が1992年に開発したCU-SeeMeがある。これによってインターネット経由でリアルタイムに会議を行う機会が広がった。

(3) 電子掲示板システム

電子掲示板システム（bulletin board system）は、オンラインでメッセージのやりとりをするシステムであるが、これを使って非同期の会議を行うことができる。いつでも

都合の良いときに議論に参加できる利点があるが、議論をまとめることが困難になる。この問題を解決するために、議論の構造をグラフ的に可視化して、今どのくらい議論が進展しているのかを把握しやすくし、議論が堂々巡りにならないように支援するしくみが存在する。

議事録作成支援

(1) 全自動型と半自動型

会議内容を詳細に記録して再利用可能にするためには、議事録の作成が重要である。議事録の作成支援技術には、大きく分けて全自動型と半自動型がある。全自動型の例として、Portable Meeting Recorder がある。このシステムは、360 度パノラマカメラとマイクロフォンアレイを用いて記録を行う。マイクロフォンアレイによって発言者の方向を特定し、その方向の映像情報から人物抽出をする。このように音声処理と映像処理を組み合わせて、音声・映像情報を効率的に閲覧するためのインデックス情報を自動的に生成する。同時に、取得された発言内容は、音声処理によってテキスト化され、先ほどのインデックス情報と統合される。

半自動型の議事録作成支援の例として LiteMinutes と Discussion Recorder がある。LiteMinutes は、参加者がプレゼンテーションに使用したスライドの画像を取得し、会議のようすを音声・映像情報として記録し、書記によって入力された議論内容のテキスト情報にそれらを統合する。テキストの入力された時刻は自動的に取得され、その情報を用いて、スライドや音声・映像情報とテキストとのあいだにリンクを付与する。Discussion Recorder は、第 1 章で述べたディスカッションマイニングの技術の一つである。Discussion Recorder は、プレゼンテーションスライドの切り替え時刻と発言開始・終了時刻を他のツールから取得して、会議内容を構造化する。各発言に関して、音声・映像情報は自動的に取得されるが、その内容は人間が手動で入力する。そのために、表示しているスライドや過去の類似した議事録からテキストを自動的に取得し、入力を補助することができる。会議後に会議内容を効率良く振り返り、必要に応じて議事録を再編集するためのシステムとして、同じくディスカッションマイニングの技術の一つである Discussion Browser がある。このシステムでは、Discussion Recorder で作成されたメタデータつきのマルチメディア議事録を、Web ブラウザ上で検索・閲覧・要約・再編集できる。

(2) 共有エディタ

共同作業を円滑に行うためには、参加者全員が同じものを見て、全員が見ているところで操作できる必要があるというアイディアに基づき、共有エディタとよばれるしくみが提案されている。このしくみでは複数の参加者が同時に書き込みと閲覧をするため、

排他制御などに工夫が必要となる。そこで、参加者ごとに書き込み可能なレイヤを設定し、重ね合わせるようにして見せると同時に、色分けされたポインタを利用して、各参加者が指し示す箇所を把握できるようになっている。

(3) 対話的議事録

　会議はコミュニケーションの重要な手段であり、複数の人間がアイディアを出し合う場であるため、その記録である議事録を知識源として、さまざまな知識を獲得しようとすることは自然なことである。獲得できる知識が多いほど、それを生み出した会議には高い価値があることになる。議事録を多目的に利用するための一つの方法は、ユーザーの任意の質問に議事録から得られる情報を組み合わせて回答する仕組みである。これを対話的議事録とよぶ。対話的議事録を実現するためには、議事録の詳細な意味構造化が必要であり、高度な人工知能技術（例えば、質問応答システム（question answering system））の実現が期待される。

第5章 プレゼンテーションを科学する

　ディスカッションは複数の人間による知識創造だと考えることができます。それに科学的方法論を適用することで、知識創造を加速することができるでしょう。スポーツと同様に、根拠をもって方法論を提示することで、多くの改良点が見つかると思われます。

　ディスカッションは人間の知的活動の一種ですが、コミュニケーションの一種でもあり、複数の人間のあいだの強い相互作用が発生します。ここでは、より個人的な知的活動を分析し、その改善方法について考えてみましょう。そこで、次に、プレゼンテーション、つまり何らかの活動の成果を多くの人の前で発表する、という行為を分析してみましょう。

　プレゼンテーションは、さまざまな特徴をもちます。1つは声、もう1つは体の動き、つまりジェスチャです。声には言葉の内容だけでなく抑揚なども含まれ、ジェスチャには視線も含まれます。プレゼンテーションを分析するためには、これらの特徴を捉えて、データ化する必要があります。話している内容を評価するためには、自然言語処理を用いますが、話し方や身振りなどを評価する場合は、それとは別の手法を用います。

　私の知り合いである津田塾大学の栗原一貴准教授の研究成果にプレゼン先生というものがあります[1,2]。これは、プレゼンテーションをしている人を撮影したビデオを使って、そのプレゼンテーションを評価することができます。YouTubeなどを見れば、プレゼンテーションのビデオを見ることができますから、それを分析すれば、どこがどうすぐれているのか、よくわかるようになるでしょう。

　プレゼン先生には、発表中の発表者の話し方や視線の方向を自動的に評価してフィードバックする機能もあります。これは、顔画像認識と音声認識を利用して、話速・声の抑揚・言いよどみ・視線などを分析して、発表中にデータの統計量に基づいて閾値を超えた評価値の提示を行うものです。これにより、発表練習中にリアルタイムに自身のプレゼンテーションの状態を確認することができます。ま

た、発表練習後には、記録・蓄積したデータをグラフ化して表示することができ、次のプレゼンテーションのための改善点を発見する手がかりになります。

■ 5.1　よいプレゼンテーションの特徴

　一般にプレゼンテーションでは、適切な速度で快活に話すこと、言いよどみが少ないこと、視線がおもに聴衆のほうに向いていること、適切な「間」を設けること、時間配分が適切であることなどが好ましい話術および動作として挙げられます[3,4]。これらは、マイクで音声を録音し音声情報処理を行うことにより、またカメラで話者を撮影し画像情報処理を行うことにより検出が可能です。前述のプレゼン先生は、PowerPoint のようなプレゼンテーションツールと連携しながら発表練習中にこれら指標をリアルタイムに数値化して表示するとともに、好ましくない状態に陥った場合に発表者にアラートを通知するようになっています。また、発表終了後に発表全体の評価をグラフ化し、発表者に反省の機会を提供します。

　プレゼンテーション中に普通の人は早口になる傾向にありますが、実際は普段より少しゆっくり話したほうが良いといわれています。また、抑揚の少ない一本調子の発話も聴き手を退屈させてしまう要因となります。そこで、一定の話速（単位時間あたりの発話音節数）を超えたとき、また抑揚の指標として声の高さ（基本周波数 F0）の標準偏差が一定以下になったときに警告を出すことで、よりよいプレゼンテーションの実現に向けて注意を促すことができます。ここで、話速と基本周波数については、第6章でも出てきますので、そのときに詳しく説明します。

　話速と声の高さおよびその標準偏差により、さまざまな音声データを分析した結果を参考にして、栗原らは、ユーザーが決定する警告の閾値の設定例として、話速の上限値を 7.6 音節／秒、F0 標準偏差の下限値 10 Hz（男性の場合）を示しました[2]。

　また言いよどみも、プレゼンテーションの良し悪しに影響を与えてしまう要素の一つです。そこで、発表者が「えー」のような有声休止（母音の引き伸ばし）による言いよどみを行った場合に直ちに警告を通知できれば、発表者が改善するのは容易でしょう。

　これらは音響的な評価指標ですが、視覚的な評価指標として、聴衆とのアイコ

ンタクトの度合いが考えられます。発表者が聴衆のほうを向いている時間的割合をアイコンタクト率と定義し、アイコンタクト率が 15% 以下になると、話し手は冷たい・弁解的・未熟などの印象を与えるという報告があります[4]。一方 80% 程度であれば、自信がある・誠実・親近感・熟練などの印象を与えるということです。栗原らは、アイコンタクト率が 15% を下回った場合に発表者に警告を通知するようにしました[2]。

また、音響的な特徴と視覚的な特徴を同時に考慮すべきマルチモーダルな指標として、「間」の取り方があります。プレゼンテーションにおける間とは、意図的に沈黙をつくり出すことです。これにはその後の発言を強調したり、聴衆を話に引き込んだりする効果があると報告されています。この場合、沈黙において、単に発話していないだけでなく、聴衆のほうを向くことで意識的にその無音区間を伝えようとしている姿勢を示すことが必要です。1〜2秒程度を通常の間、5秒以上を「びっくり間」として使い分けている例があります。逆に間がなく、一つ一つの発話区間が冗長であることは聴衆の理解を妨げることがあります。栗原らは、これらを考慮し、発表者が間の取り方を練習するために、現在の間のようすを表す指標として SI（Speech Index）とよばれるものを定義しました[2]。その定義は、以下のとおりです。

無音区間：連続して聴衆を見ている無音区間を t（秒）として

$t < 1$ のとき $SI = 50$

$t \geq 1$ のとき $SI = 50 + 12.5(t-1)$

$SI > 100$ のとき $SI = 100$

発話区間：連続した発話時間を t（秒）として

$SI = 50 - 50t/13$

$SI < 0$ のとき $SI = 0$

■ 5.2. プレゼン先生

栗原らの開発したプレゼン先生というシステムは、図 5.1 のような構成になっています。

音響分析部および音声認識部は、マイク音声から発話区間認識、基本周波数（F0）推定、有声休止検出、音節単位の音声認識を行い、結果をつねに情報統合

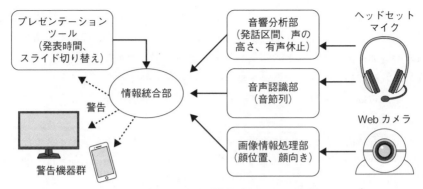

図 5.1 プレゼン先生の構成（論文 2 より改変）

部に送信します。画像情報処理部は、カメラ画像から得られた発表者の顔の位置および顔の向きの情報をつねに情報統合部に送信します。情報統合部は、音声・画像情報に加えてプレゼンテーションツールから開始および終了の信号、発表時間信号、スライド切り替えの信号およびスライドのサムネイル画像を受け取り、警告機器群とよばれるデバイスを介してユーザーにフィードバックします。

　プレゼン先生システムは、ユーザーの発表に基づいて、情報統合部で最終的に算出された各評価指標のフィードバックを行います。このフィードバックには、リアルタイムの「オンライン」と事後の「オフライン」の 2 種類があります。

　オンラインフィードバックは、発表中に逐次的に短期的な統計値を通知するものです。図 5.2 の左側に示すリアルタイムモニタは、統計量をそのまま表示し続けるもので、最近のパフォーマンスを視覚的に確認するために用いられます。また、アラートは閾値を超えた統計量について、ユーザーに図 5.2 の右側のような 6 種類の通知を行うものです。アラートはおもに画面に視覚的に提示され、画面の右下からポップアップする小型のもの、全画面表示されるものの 2 種類があります。

　これら視覚による情報提示は、発表練習環境に自由に設置された各種ディスプレイ（メインスクリーン、原稿表示用画面、警告表示用サブ画面）ごとに提示項目を選択できます。アラートには視覚のほかにも音および音声で通知するもの、振動で通知するものを実装しており、ユーザーがアラートの種類に応じてモダリティを選択できるようになっています。

オフラインフィードバックは、発表後に発表全体を振り返り、蓄えられたデータをグラフにして発表者に提示するものです。

図5.3に示すように、さまざまな指標に関する時系列データは時刻情報およびそのとき用いていたスライドと対応づけられ、スライドサムネイル画像とともに色分けされて表示されます。

図5.2 プレゼン先生によるオンラインフィードバック（論文2より引用）

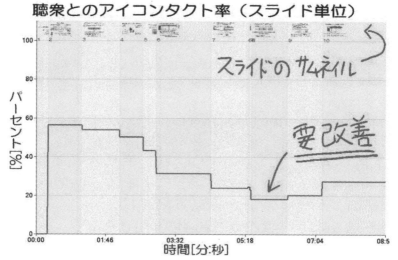

図5.3 プレゼン先生のオフラインフィードバック（論文2より引用）

それぞれの指標について、逐次的な統計量をプロットしたものとスライド単位で統計量の平均値を求めプロットしたものの2種類のグラフが作成されます。このため、全体的に見てどのあたりを改善すべきか、というマクロな判断と、特定の箇所におけるミクロな判断の両方が可能になっています。

　システムが作成した多数のグラフ群は、一度発表練習を行うとプレゼンテーション資料ファイルにグラフ群が時刻情報とともに記録され、閲覧やペンアノテーションによるコメント書き込みが行えるようになっています。

　オフラインフィードバックについて、現在はグラフの提示のみにとどまっていますが、今後多数の発表データを収集し、それと比較しての総合評価、改善に向けてのアドバイス提示などを行う予定だそうです。

■ 5.3　プレゼンテーションスライドの分析

　プレゼンテーションの分析として、発表者の声や動作の特徴に着目していましたが、当然、それだけがプレゼンテーションを分析する手がかりというわけではありません。

　プレゼンテーションにおいて聞き手に最も大きな影響をもたらすのはプレゼンテーションスライドでしょう。プレゼンテーションスライドの内容や構成がよくなければ、たとえ話し方がとてもうまかったとしても、よいプレゼンテーションにはなりません。そこで、筆者らはスライドを詳細に分析することにしました。

　第1章で説明したディスカッションマイニングでは、スライドの情報およびスライド要素の情報を解析して、図5.4に示すような木構造データを生成しています。

　この木構造で、発表全体とは発表全体としての主張や内容を表す階層となり、セクションはその下の階層で複数スライドページを同じ役割（「目的」「アプローチ」「手法」「実験」「結論」など）でまとめたものです。また、スライドはスライドショーで表示するときの1つのページのことで、最下層のスライド要素はスライドを形成するタイトル・文・図・表などのことです。

　スライド要素には以下のような属性がつけられています。

　タイプ：タイトル、文（パラグラフ）、図、表

　スライド上の位置：幅・高さ

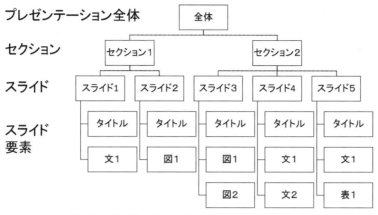

図5.4　プレゼンテーションスライドの木構造データ

タイプがタイトルか文の場合：その内容（文字列）

　ところで、プレゼンテーションスライドの作成技術には、構成に関する技術、つまり複数のスライド間の関係や分量を考える技術のほかに、1枚のスライドに関してどのように情報を配置または強調するか、つまりレイアウトに関する技術と、どのように説得力のある説明を記述するかつまり内容に関する技術があります。

　スライドのレイアウトに関しては、さまざまなテクニックを以下の3点に集約し論じている例があります[5]。

- コントラスト
- グルーピング
- イラストレーション

　コントラストは要素間の強弱の差のことです。例えば、赤字にすることや太字にするまたは大きくするなどしてより注目を集めたい要素を強調することです。グルーピングは要素の配置のことで、要素の意味的な集合や関係をインデントや枠などを利用して表現することです。イラストレーションは、図表を用いて伝えたいことを表現することです。

　筆者らは、レイアウトを「情報の配置・強調」に関する技術として捉えています。そのため、上記のコントラストとグルーピングはレイアウトに関する技術と

して分類していますが、イラストレーションに関してはスライドの内容と深くかかわる部分が多いため、図表の配置や大きさに関することを除いて、内容に関する技術として捉えています。

このように、筆者らはプレゼンテーションスライドを、（複数スライドにまたがる）構成、（1枚のスライドの）レイアウト、内容の3つの観点で分析しました[6]。データの収集方法としては、発表練習の場において、参加者それぞれがもつタブレットに、図5.5のようなインタフェースを表示して、発表を聞きながら、問題があると思われる部分を選択してアノテーション（注釈）を入力してもらうというやり方を採用しました。

このようなやり方にしたのは、話し方の分析に比べて数値的な指標が設定しにくいことと、内容に関する良し悪しを機械的に判断するのが困難であるためです。十分な量のデータが集まり次第、機械学習を用いて自動化の度合いを上げていこうと思っています。

さて、スライドのレイアウトに関するアノテーションは以下のように行います。まず図5.5の①の「スライド表示」でアノテーションの対象となる要素を選択（指

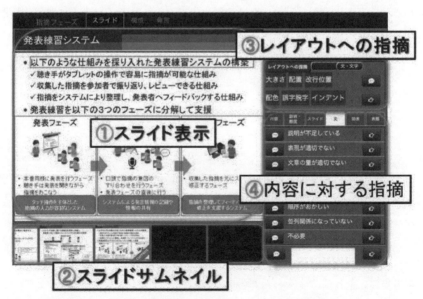

図5.5　スライドへのアノテーション入力画面

でタップ）します。次に、③の「レイアウトへの指摘」のボタン群から、指摘したい内容と一致するものを選択します（複数選択可）。これは、選択したスライド要素のタイプに応じて、選択肢が変わるようになっています。

タイプが「文」や「タイトル」の場合は、文字の大きさが不適切、文の配置が不適切、改行位置が不適切、文字の配色が不適切、誤字脱字あり、インデントが不適切の6つが選択肢になり、タイプが「図」や「表」の場合は、図表の大きさが不適切、図表の配置が不適切、図表の配色が不適切の3つが選択肢になります。

次に、スライドの内容に関するアノテーションは以下のように行います。まずはレイアウトの場合と同様に、図 5.5 の①の「スライド表示」から、対象となる要素を選択します。このとき、やはり選択されたスライド要素に応じて、④の「内容に対する指摘」の内容が自動的に変更されます。要素を何も選択していない場合あるいは一度選択してその選択を解除（同じところを二度タップ）した場合は、1枚のスライド全体を選択したものをみなします。選択した要素と要素の選択時に表示される指摘の対応は表 5.1 のようになります。

聴き手はこの一覧から選択する以外に、画面右下のテキストボックスに指摘内

表 5.1　スライド要素のタイプと指摘内容の関係

タイプ	指摘内容
スライド全体	情報が不足している 例が欲しい 文章の量が適切でない 図が欲しい
文	説明が不足している 表現が適切でない 文章の量が適切でない 意味がわかりにくい 例が欲しい 順序がおかしい 並列関係になっていない 不必要
図・表	意味がわかりにくい 適切な表示形式でない 説明が不足している 不必要
タイトル	内容と一致していない 適切でない

容を記入することで詳細なコメントを記述できます。また、一覧に用意されている指摘をもう少し詳しく書きたい場合、例えば「説明が不足している」という、システムが用意している指摘を、「手法の説明が不足している」と書きたいとき、一覧の「説明が不足している」という文をタップすると、その文がそのままテキストボックスに入力されるため、「手法の」という文字を補完することによって入力の手間を最小限にすることができます。

　最後に、スライドの構成に関するアノテーションですが、これは、図5.6のようなインタフェースを用います。

　スライド構成に関するアノテーションの入力画面では、ユーザーが個々のスライドに対して行う場合と同様の操作方法で、アノテーションを行うことができるようになっています。左側には発表資料の構成が表示されています。この構成は、発表者が話のまとまりごとにスライドをセクションに分割したもので、その作成方法については次節で述べます。

　右側にはスライドへの指摘画面と同様に、以下のような指摘の一覧が表示されています。

　内容の追加／内容の削減／スライドの分割／スライドの統合／流れが悪い／ス

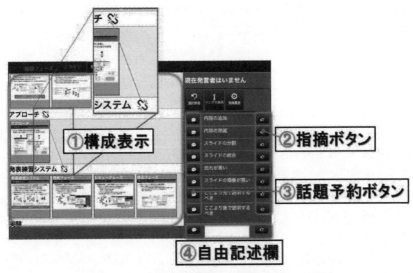

図 5.6　スライド構成に関するアノテーション入力画面

ライドの順番が悪い／ここより先で説明するべき／ここよりあとで説明するべき

ここで表示される指摘もスライドに対する指摘と同様に、過去のプレゼンテーションと文献に基づいて決定しました。

聴き手がアノテーションを行う手順は次のとおりです。聴き手は画面の左側に表示されたプレゼンテーションスライドの構成（図 5.6 の①）から、対象を選択します。次に右側の一覧から自分の行いたい指摘と一致する指摘を選択し、②のボタンを押します。例えば、「アプローチ」のセクションと、「発表練習システム」のセクションの話の流れが悪いと感じた場合、まず左側の画面で「アプローチ」と「発表練習システム」の 2 つをダブルタップで選択します。次に、右側の一覧から「流れが悪い」を選択し、その項目の右にあるボタンを押します。これにより指摘が付与され、拡大部分のように、それに対応したアイコンが、指摘の対象の箇所に付与されます。

これ以外にも、個別スライドに対するアノテーション入力画面と同様に、口頭で質問などを行うための話題予約ボタン（③）や、指摘内容の自由記述欄（④）、システムが用意した文に少し書き足して文を記述する機能も存在します。

■ 5.4 プレゼンテーションのアウトライン

発表者がプレゼンテーションスライドを作成する際には、全体の構成つまりアウトラインを考えてから、個別のスライドを作成するべきでしょう。物語の起承転結のような、雅楽の序破急のような、全体の流れを先に決める必要があります。

筆者らは、ディスカッションにディスカッションセグメントを定義したように、プレゼンテーションスライドにその内部構造としてセクションを定義しています。セクションはスライドの意味的まとまりを表すもので、プレゼンテーションの大まかな流れを把握するのに有効です。

しかし、発表者がセクションを明示的に定義することができない場合があります。それは、発表者にそのような意識（大まかなあらすじを考えてから内容をつくるという考え）がないか、PowerPoint のバージョンによってはそのための機能が存在しないためにつくり方がわからない、などの理由が考えられます。

そのため、筆者らのスライドアノテーションシステムは、プレゼンテーション

スライドを入力すると、セクションを自動推定したり、発表者が手動で構成したりするための機能を有しています。

　セクションの自動推定方法は2通り存在します。1つは目次からの推定で、もう1つは各スライドのタイトルからの推定です。目次からの推定は、発表者が入力したスライドに、次の条件を満たす目次スライドが含まれていたときに行われます。

- タイトルスライドの直後のスライドが目次
- 目次内にセクション名が箇条書きに記されている
- セクション名の横にセクションに含まれるスライドの枚数が書かれている
- セクション名の横の枚数の合計がスライド全体の枚数を超えない

　例として、図5.7の左側のような目次スライドを作成した場合、右側のようなセクションが自動的に作成されます。タイトル、目次の2つのセクションは目次に記載されていなくても生成されます。また、目次に記載された枚数の合計を超えるスライドは、すべて補足スライドのセクションに入れられます。このように事前に目次を用意している場合は、システムがそれをそのまま利用してセクションを生成します。

　次に、目次スライドが作成されていない場合の自動生成について述べます。この自動生成はタイトルから推定して行われます。具体的には、次のような手がか

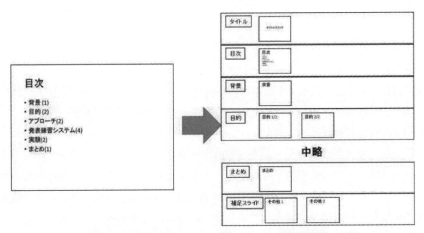

図5.7　目次スライドからのセクションの自動生成

りを用います。

- スライドのタイトルに「提案手法1／2」「提案手法2／2」のように連番があるとき、連番で連なっているスライドを1つのセクションにする
- 「目的」「アプローチ」「実験」などの研究発表のタイトルに頻出するキーワードをタイトルに含むスライドを発見したとき、そのスライド以降に、別の頻出するキーワードの含むタイトルのスライドが出現するまでの一連のスライドを1つのセクションとする

　セクションを手動で作成・修正する必要がある場合には、図5.8に示す画面において構成の編集を行います。

　図5.8の①に示すそれぞれのセクション名の横にある「直前にセクションの追加」ボタンあるいは「直後にセクションの追加」ボタンを押すと、そのセクションの前後に新しいセクションを追加することができます。②に示すセクション名の横にある削除ボタンで、そのセクションの削除を行うことができます。もし削除されたセクションにスライドが含まれていた場合、そのスライドは1つ前のセクションに移動します。また、③に示すセクション名の書かれたテキストボックスをタップし編集することで任意の名前に変更することができます。スライドを別のセクションへ移動するにはスライド（④）をタップすると表示されるメニューから行えます。発表者が構成を編集し終えたあと、⑤のボタンを押すことで編集

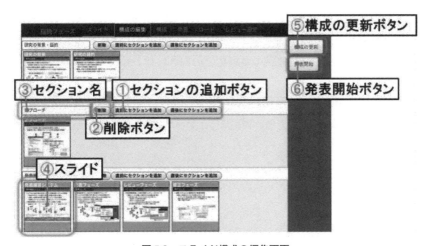

図5.8　スライド構成の編集画面

情報を保存し、発表時に参照することができます。そして、⑥のボタンを押すと発表を開始することができます。

このように、アウトラインを意識することで、ストーリーの明確なプレゼンテーションを行うことができます。また、聞き手はこの情報を参照することで、プレゼンテーションの構成に関する問題点を指摘したり、改善策を提案したりすることがとても容易になります。

■ 5.5 プレゼンテーションスライド推敲支援システム

筆者らの研究室では、前述のプレゼンテーションスライドへのアノテーションシステムを利用して、プレゼンテーションスライド推敲支援システムを開発し、運用を続けています。これは、プレゼンテーションの本番前にリハーサルを行い、聞き手がスライドの問題点を指摘すると、発表者がリハーサルを振り返って効率よくスライドを修正できるように支援するシステムです。

スライド推敲支援システムは、PowerPoint のアドオン（拡張アプリケーション）として実装されたシステムです。図 5.9 に示すように、このシステムは、構成ビュー・スライドビュー・タイムラインビューの 3 つのビューから構成されています。

構成ビューは、おもにスライドの構成に対する指摘の振り返りを支援するビューで、スライドビューは、PowerPoint で表示しているスライドに対する指摘の振り返りを支援するビューです。タイムラインビューは、話し方や態度に対するコメントやプレゼンテーション直後の質疑応答のときに行われたディスカッションを振り返るためのビューです。

図 5.10 にシステムの導入手順を示します。スライド推敲支援システムのアドオンを PowerPoint に追加すると、「指摘」というタブが追加されます。次に「指摘」のタブをクリックすると表示されるメニューから、「指摘のロード」と書かれたボタンを選択すると、ユーザーの行ったプレゼンテーションリハーサルの一覧が表示されます。そのなかから、参照したいリハーサルのスライドサムネイルを選択することで、スライドに対するアノテーションを管理するサーバーからスライドとアノテーションの情報を読み込むことができます。読み込みを行ったあとは、サーバーから読み込んだスライドを自分の PC に保存すれば、リハーサルの

図 5.9　スライド推敲支援システムの画面例

情報もすべて同じ PC に保存されるため、一度読み込めば、それ以降は、保存し
たスライドを開くだけで自動的にリハーサルの情報も読み込まれるようになって
います。

5.5.1　アウトラインの推敲支援

　スライド構成に関するアノテーションは、システムの構成ビューで確認できま
す。このビューは、リハーサル全体でどの程度指摘がなされたのか、また、スラ
イドのどの部分に指摘が多いかなどの、概要を俯瞰できるようになっています。
図 5.11 に構成ビューの画面例を示します。

　図 5.11 の①の部分には、リハーサルの合計時間、指摘の合計数が表示されてい
ます。この表示はユーザーが全体としてどの程度修正する必要があるのかを一目
で把握するためのものです。また、このビューの上部には 3 つのプログレスバー

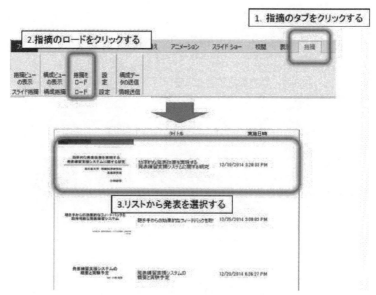

図 5.10　スライド推敲支援システムの導入手順

図 5.11　スライド構成ビュー

が表示されています。これはそれぞれ、リハーサル中に得られた構成への指摘、スライドへの指摘、質疑応答時に口頭でなされた指摘に関して、どの程度の内容をスライドに反映し、推敲を終えたかを表すものです。ユーザーはこのプログレスバーを目安に、自分の作業が現在どの程度完了しているかを確認することができます。またこれらのプログレスバーは、それぞれの指摘の数に応じて長さが変化します。例えば、スライドに対する指摘が15件、構成に対する指摘が10件、口頭での指摘が5件だとすると、プログレスバーの長さはスライドへの指摘のバーが最も長く、口頭での指摘のバーが最も短くなります。このように長さを見るだけで、ユーザーはどのタイプの指摘が最も多いのかを容易に把握することができます。

　次にユーザーは、画面左側のスライド構成の表示部分（②）を見ることで、構成に関する指摘がどの部分に対して行われているか、またそれぞれのスライドにいくつの指摘があるかを知ることができます。まだ未反映の指摘があるスライドはスライド左上部に現在反映できている指摘の割合がオレンジ色で示され、すべて反映し終えたスライドは緑色で表示されます。

　最後に、画面右側に表示されている指摘リスト（③）は構成への指摘とスライドへの指摘の2つのタブに分かれています。どちらのリストにも関連するリハーサル映像・音声の再生を行うためのボタン、指摘の内容とそれを指摘した人の数が表示されています。

　これによって、全体の俯瞰、構成の内容と指摘された問題点などを確認でき、スライドの推敲を効率よく行うことができます。

5.5.2　個別スライドの推敲支援

　個別スライドに関するアノテーションは、スライドビューを用いて確認します。スライドビューは、個別スライドを推敲する際に、リハーサルでそのスライドに対して行われたアノテーションを、スライドと連動して、その右側に表示するものです。図5.12にその拡大表示を示します。発表者はPowerPointで表示しているスライドの右側にアノテーションを表示して確認することができます。

　スライドビューの上部に表示されている画像は、リハーサルを行った時点でのスライドです。この画像では、問題点を指摘された部分が薄い青色でハイライトされており、どの部分にアノテーションが付与されているのかが一目で理解でき

図 5.12　スライドビュー

　ます。また、この青くハイライトされた部分をクリックすると、その部分に関連するアノテーションが黄色でハイライトされます。また、これとは逆に、アノテーションの一覧のどれかの項目をクリックすると、スライド画像の部分がハイライトされ、そのアノテーションがスライドのどの部分に関連づけられたものなのかを確認することができます。

5.5.3　タイムラインに沿った推敲支援

　時系列に沿ってリハーサルを振り返るために、タイムラインビューを用います。音声や映像は情報量が多いため、リハーサルを効率よく振り返るためには適切な閲覧方法が必要です。このビューでは、リハーサル中に獲得したさまざまな情報に基づいて、話し方や態度に関する問題点の指摘と、リハーサルのプレゼンテーション直後に行われたディスカッションの振り返りを支援します。タイムラインビューの画面は図 5.13 のようになっています。

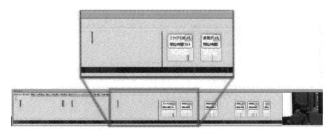

図 5.13　タイムラインビュー

　タイムラインの右のビデオ画面では、リハーサル時の発表者の状態を表示します。映像・音声の再生は、タイムラインの上部にあるボタンとシークバーから制御することができます。ボタンには「再生」「一時停止」「停止」の他に、「30 秒戻る」「5 秒戻る」「5 秒進む」「30 秒進む」などがあります。また、「前のスライドへ」と「次のスライドへ」というボタンもあり、現在再生している時点から、スクリーンに表示されているスライドの切り替えタイミングへと移動することができます。

　タイムラインビューの下部に表示されているスライドバー（図 5.13 の下部にある太線の帯）は、発表者のスライド操作時刻を表現しています。色の変わり目がスライドの切り替わりを表していて、スライドバーの領域にカーソルを合わせると、その時点で表示されていたスライドサムネイルとスライドの表示時間が確認できます。また、同じ場所をクリックすることによって、PowerPoint で編集中のスライドが該当するスライドに置き換わり、さらにそのスライドの開始時刻からの映像がビデオ画面で再生されます。

　聞き手により付与された話し方や態度に関するアノテーションを確認する場合、アノテーションを行ったタイミングの時間が縦棒で表示されます。図 5.14 のように、この縦棒にカーソルを合わせると、そのアノテーションの内容がポップアップ表示されます。

　さらに同じ場所をクリックすると、編集画面が、そのアノテーションが付与されたときに表示していたスライドに自動的に切り替わり、タイムライン右のビデオ画面にそのときの発表者のようすが表示されます。この指摘は、必ずしもスライドの内容にかかわるものではありませんが、話し方を改善するうえでスライドの表現を変える必要があれば、その手がかりになるものと思われます。

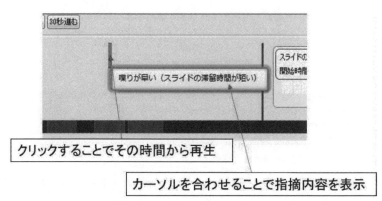

図 5.14　タイムラインビューでのアノテーションの表示

　最後に、リハーサルのプレゼンテーション直後に行われたディスカッションを振り返る方法について説明します。このときに話し合った内容は、図 5.15 のように話題単位で 1 つのまとまりとなって表示されています。このときの話題は、ディスカッションマイニングのしくみを用いて整理され、発言者の情報を含めて記録されています。

　1 つの話題に関して、その内容と発言の行われた時刻、賛成ボタンの押された時刻が表示されています。また、カーソルを合わせることでタイムラインに表示されている情報だけでなく、話題の合計時間や賛成数・反対数などの情報も閲覧することができます。さらにこの話題に関する情報をクリックすると、その話題と関係するスライドに自動的に切り替わるとともに、ディスカッションの映像を再生することができます。さらに、ディスカッションの詳細については、第 1 章で触れたディスカッションブラウザで確認することもできます。

　このディスカッションも個別のスライドを修正する直接のヒントとなるかどうかはわかりませんし、場合によっては、複数枚のスライドを大きく変更する必要性が出てくるかもしれません。しかし、プレゼンテーションをよりよくしていくためには、リハーサルはとても重要ですから、そのときに得られた貴重な情報を失わずに効果的に活用するために、このようなシステムは大いに有効であると思われます。

　次に行うべきことは、長期にわたって運用されたスライドへのアノテーション

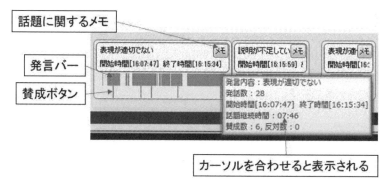

図 5.15　ディスカッション情報の表示

および推敲支援システムによって蓄積されたデータを分析して何らかの知識を発見することです。近い将来に、この成果についても説明したいと思っています。

第6章 ディスカッション能力を鍛える

ディスカッションを科学的に分析することによって得られる成果として、発言の適切さおよびその発言者のディスカッション能力の評価があります。発言者のディスカッション能力の評価は、その人のコミュニケーション能力を評価することにつながります。本書の冒頭で述べたように、ディスカッションを行う能力はコミュニケーション能力の本質といえますから、ディスカッション能力が高いことは必然的にコミュニケーション能力が高いことを意味します。

そして、第5章で述べたプレゼンテーションと同様に、自分の現在の能力のレベルを客観的に知ることと、そのレベルアップのトレーニングを行うことで、スポーツの技術が向上するのと同じようなしくみで、ディスカッション能力が向上していきます。

本章と第7章では、ディスカッション能力の評価およびそのレベルアップのやり方について述べていこうと思います。本章では、とくにミーティング中あるいはその終了後に自動的に評価可能な能力について述べます。第7章では、ディスカッションをゲーム感覚で行うことで、参加者がお互いを評価し、競い合えるようなしくみについて述べます。

さて、ディスカッション能力を評価するためには、まず個々の発言を評価し、それに基づいて発言者の能力を評価していくことになります。つまり、最初は個人の発言力を評価することになります。

■ 6.1 発言力の評価

第4章までで説明したように、筆者らの開発したミーティング支援システム（DMシステム、ミーティングレコーダー）では、ミーティング中の各参加者の発言とその映像・音声を記録しています。そこで、ミーティング中に取得した発言の音声と議事録を用いて、発言をその音響的特徴と言語的特徴に基づき自動評価

します。

　ミーティングでは、参加者はある話題について話し合い、相手の話を分析し自分の主張をわかりやすい話し方で伝える必要があります。わかりやすい話し方として「発声・発音」「話の速さ」「間」「簡潔さ」などが挙げられています[1,2]。これを参考にして、8つの評価指標を規定しました。評価指標には、音響的特徴に基づくものと言語的特徴に基づくものがあります[3]。

6.1.1　音響的特徴に基づく評価指標

　音響的特徴のみで評価する指標は、次のとおりです。

- 声の大きさ：発言者が十分に聞き取れるくらい声が大きく、その一方で大きすぎないのがよいと思われます。そこで、発言中の各発話の音量［dB］を計測し、評価します。

- 声の抑揚：抑揚のない発話は聞き手を退屈させる要因となります。発話における声の高さ（後述する基本周波数 F0）［Hz］を計測し、その標準偏差の値が高いものをよい評価とします。

- 話の速さ：発話は速すぎても遅すぎても聞き取りづらいでしょう。そこで、話速（時間当たりの音節数。音節については後述）が適切な範囲内であればよい評価とします。

- 流暢さ：言いよどみや沈黙の多い発言は聞き取りづらく理解しづらいでしょう。発言中の「えー」などの有声休止（母音の引き延ばし）による言いよどみの回数、および発話間の2秒以上の無音区間を沈黙としたときの沈黙回数が少ない発言をよい評価とします。

- テンポ：強調したい部分が明確であると話を理解しやすいと思われます。強調したい部分をゆっくり話したり、その前に間を設けるなど、発言が一本調子ではないことが効果的です。そこで話速の標準偏差および発話の間にある2秒以下の無音区間を「間」としたときの「間」の回数に基づいて発言のテンポを評価します。

　ここで、基本周波数（一般に F0 と書きます）とは、音声の周期性を表現する値で、音の高さ（ピッチともいいます）を司る音響特徴量のことです。有声音（声帯を振動させて出す音）には周期性がありますから、その周期（基本周期）の逆数が基本周波数です。

F0 は、声の抑揚を考えるうえでとても重要な指標ですが、①音声波形は準周期信号（声帯振動の準周期性による）で周期性が明確でない、②一般に収録音声には雑音が混在する、③有声音における F0 の変化範囲は広域で限定が困難、などの理由で正確な抽出は非常に困難です。そのため、いくつかの推定手法が提案されています。ここでは説明を省略しますが、Speech Signal Processing Toolkit（SPTK）という音響分析のプログラムが公開されており（http://sp-tk.sourceforge.net/)、そのなかでピッチ抽出（pitch extraction）というアルゴリズムが実装されていて、F0 の推定を行うことができます。

また、話速を計算するために用いている音節とは、声の連続する音を区切る分節単位の一種で、音声の聞こえのまとまりのことです。典型的には、1 個の母音を中心にその母音単独で、あるいはその母音の前後に 1 個または複数個の子音を伴って構成する音声（群）です。日本語の場合、音節とは区切り方が必ずしも一致しないモーラ（拍）という分節単位を用いることがあります。ここで計算している話速は、厳密には音節ではなくモーラを用いています。音節とモーラのおもなちがいは、長音「ー」・促音「っ」・撥音「ん」が、音節の場合はその前の母音と統合されますが、モーラの場合は、独立して 1 モーラ（拍）に数えられる点です。

6.1.2 言語的特徴に基づく評価指標

次に、言語的特徴による評価指標を以下に示します。

- 簡潔さ：発言は簡潔であるほうが理解しやすいでしょう。そこで、簡潔さの評価のために、音声認識によるミーティング中の発言の音節（厳密にはモーラ。以下同様）数と議事録のテキストの音節数を比較します。書記は発言内容を要約して記述しているため、発言の音節数と議事録のテキストの音節数が近ければ、発言が簡潔であるとみなすことができると思われます。

- 導入発言との合致性：発言はできるだけディスカッションの主題に沿っている必要があります。継続発言の内容が、話題提起の発言（導入発言）の内容と共通点が多ければ、主題に沿っていると考えることができるでしょう。そこで、導入発言との関連度（後述）を求めることで、発言を評価します。

- 親発言との結束性（一貫性）：継続発言は、その親発言と結束している、あるいは一貫している必要があります。つまり、継続発言とその親発言の内容は、意

味的に関連している必要がありますので、それについて評価します。これについては、機械学習を用いて、「一貫性のある発言かどうか」を判定して、その判定に基づいて評価値を決めます。その手法についてはあとで述べます。

さて、発言間の関連度は次の方法で算出します。1回のミーティングの各発言を1つの文書とした *TF-IDF* 値（第4章を参照）を用いて、単語 t を以下の式で重みづけし、関連度を求めます。

$$f(t, d_1, d_2) = \left(\frac{tf(t, d_1)}{\sum_{s \in d_1} tf(s, d_1)} + \frac{tf(t, d_2)}{\sum_{s \in d_2} tf(s, d_2)} \right) \times idf(t)$$

2つの文書 d_1 と d_2 に共通して現れる単語についてはその値を加算し、片方にしか現れない単語についてはその値を減算し、すべての単語について合計します。この値を発言間の関連度とします。図6.1にその計算の例を示します。

図の $t_1, \cdots, t_6$ は単語で、d_1, d_2 がそれぞれ発言を表しています。この例では、t_1 と t_2 が共通して現れ、それ以外の単語は一方にしか現れていません。共通の単語については、*TF-IDF* 値で重みづけした値を合計し 6.0 になり、それ以外の場合は

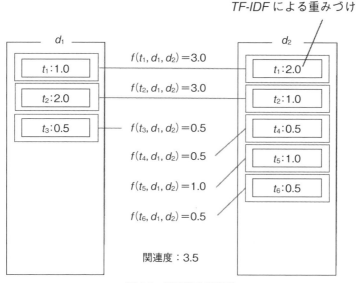

図 6.1　発言間の関連度

同じく *TF-IDF* 値で重みづけした値を合計し 2.5 になるため、関連度は 6.0 − 2.5 ＝ 3.5 になります。

　ところで、ディスカッションにおける一貫性に欠ける発言とは、その時点までの話題とは異なる話題について述べる発言だといえるでしょう。そこで継続発言を、話題が逸れている発言か否かに分類する方法を考えます。分類には、第 2 章で説明したロジスティック回帰分析を用います。この際、話題が逸れている確率値を算出し、この値を発言の一貫性の評価に用います。このための素性として、議事録テキストから得られる言語的な特徴に加えて、議事録に付与されたメタ情報を用います。この手法で使用する素性を以下に示します。

● テキストの言語的特徴による素性

- 親発言との関連度
- 単文か複文か
- 発言の文字数
- 形態素ユニグラムと形態素バイグラム（第 3 章参照）
- 主語・指示語の有無
- Entity Grid（第 4 章参照）

● 議事録に付与されたメタ情報による素性

- 発言者が学生か否か、発表者か否か
- 親発言の発言者が発表者か否か
- マーキング・賛成・反対ボタンの有無
- 発言の木構造におけるルートからの深さ
- 親発言と指示対象が一致するか否か
- 発言中のスライド操作の有無
- 発言予約の時間
- 親発言との間の時系列での別発言の有無
- 質問者の変化

　発言中に出現する形態素および形態素対については、第 1 章で述べた課題発言の分析と同様に、名詞・動詞・形容詞・助動詞および形態素対の出現数を事前調査により算出し、一定値を超えたものを素性に用いました。また第 4 章で述べた Entity Grid は、テキストの一貫性の評価に有効であるという報告があるため[4]、Entity Grid の構文役割のうち、話題の転換に直接関係していると思われる主題の

遷移のみに着目して遷移確率を求め、素性に利用しました。

　最後の素性である、質問者の変化とは、参加者の質問と発表者の応答を発言対と考えたとき、質問者が1つ前の発言対と異なるか否かを素性としました。

　上記の手法を実装し、一貫性に欠ける発言の判別に関する実験を行いました。データセットとして、筆者らの研究室におけるセミナーの議事録（ディスカッションコンテンツ）53件（発言数：3,553件）を用いました。ただし、導入発言はこの場合の対象にならないため、継続発言（発言数：2,490件）を判別対象としました。正解データ（教師信号）として、ある発言が一貫性に欠けているか否かを人手で判断して、その属性を付与しました。一貫性に欠けていると判断された継続発言は202件でした。

　提案手法の評価のために、議事録のメタ情報に基づく素性を使用せずに学習を行った場合を比較手法としました。評価には、第2章で説明した適合率、再現率およびその調和平均である F 値を用い、やはり第2章で説明した交差検証（クロスバリデーション）を行いました。

　この実験結果を表6.1に示します。筆者らの提案する手法による一貫性判別の結果は、議事録に付与された素性情報を使用しなかった場合に比べて、適合率、再現率、F 値のすべてにおいて上回っており、提案手法の優位性が確認できました。

　また、議事録のメタ情報による各素性を1つ1つ除いて学習した場合、すべての素性において、適合率・再現率・F 値が低下し、使用した素性の有効性が確認できました。F 値の低下の大きい上位5ケースの結果を表6.2に示します。

　以上のような発言の評価指標を用いて、ミーティング参加者のすべての発言を自動的に評価します。そして、各指標の値の重みつき平均値を一発言の評価とし、ある参加者の全発言の評価値の合計を、そのミーティングにおけるその参加者の発言力を表す数値とします。その数値のミーティングごとの変化を見ることで、その人のディスカッション能力が上昇しているのか、停滞しているのか判断する

表6.1　一貫性判別に関する実験結果

	適合率	再現率	F 値
提案手法	0.269	0.534	0.358
比較手法	0.117	0.129	0.123

表 6.2　素性の有効性に関する実験結果

除いた議事録のメタ情報による素性	適合率	再現率	F 値
発表者か否か	0.255	0.494	0.337
賛成ボタンが押されたか否か	0.251	0.522	0.341
木構造における深さ	0.253	0.522	0.341
指示対象の一致	0.259	0.506	0.342
質問者の変化	0.255	0.534	0.345

ことができるようになります。

■ 6.2　評価結果のフィードバック

6.1 節で述べたような評価指標は、ミーティング参加者の発言力を測るための指標ですが、当然ながら、その能力を伸ばすために利用されるべきです。そのやり方は、結果をわかりやすく可視化して、ちょうどよいタイミングで本人にフィードバックすることです。

第 7 章では、ミーティング参加者が積極的に自分の達成すべき目標を決めて、ディスカッションを行い、他の参加者はその目標の達成度を評価する、という参加者間の相互評価のしくみについて述べています。つまり、全員が積極的に自分のディスカッション能力を高める、というゲームを行うのです。しかしここでは、あくまでミーティング参加者はそのミーティングの議題に集中してディスカッションを行うことを前提としています。そのため、ディスカッション能力を高めようとつねに意識しているわけではありません。

しかしそれでも、参加者は、自分の発言力を高めようと努力することが望ましいでしょう。そのために、筆者らの開発したシステムでは、ミーティング中にミーティング参加者の発言を評価し、その問題点を指摘して、その改善を促します。指摘するやり方はいろいろあります。1 つは、発言の最中あるいは直後にメインスクリーンにメッセージを表示するやり方、あるいは、サブスクリーンのメンバー表の参加者の名前の横にアイコンを表示するやり方、参加者全員が使用するタブレットに少し詳しい情報を表示するやり方です。それぞれについて説明していきましょう。

6.2.1 メインスクリーンへの表示

6.1 節で述べた音響的特徴を用いた評価指標は、ミーティング中に自動的に評価値を計算してフィードバックできます。具体的には、「声の大きさ」「声の抑揚」「話の速さ」のそれぞれについてリアルタイムに評価し、ある閾値より低い値、つまり「悪い」評価値となったとき、図 6.2 の右下のように、即座にメインスクリーン（通常は、プレゼンテーションスライドを表示しています）上に警告メッセージをポップアップ表示します。この表示は 2 秒後に非表示になります。

この最も単純で直接的なフィードバックの参加者に対する効果を測定するために、5 回のミーティングでの各参加者の「声の大きさ」「声の抑揚」「話の速さ」の評価値の変化を調べたところ、表 6.3 のようになりました。「声の大きさ」につい

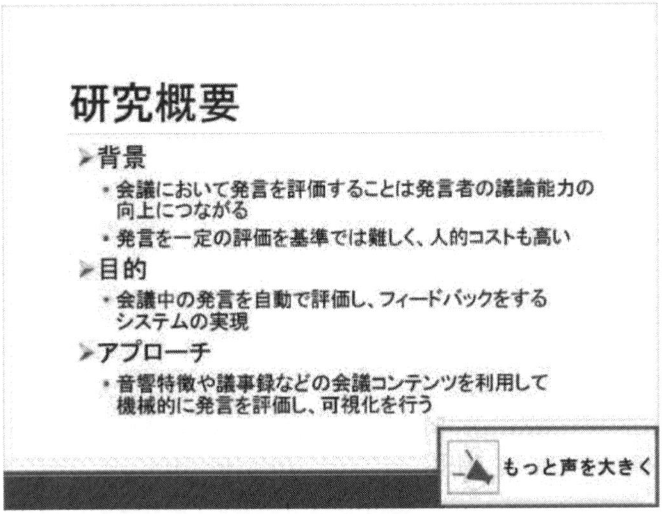

図 6.2 メインスクリーンでのフィードバック表示

表 6.3 メインスクリーンの表示の効果測定結果

評価指標	メッセージ	表示数	改善数	改善率
声の大きさ（小さいとき）	もっと声を大きく	32	27	0.84
声の大きさ（大きいとき）	落ち着いて	5	4	0.80
声の抑揚	棒読み注意	30	20	0.67
話の速さ	ゆっくり話そう	67	44	0.66

ては、評価値が基準値より小さい場合と大きい場合で表示するメッセージが異なります。また、「話の速さ」については、基準値より速い場合と遅い場合がありますが、基準値より遅い場合はきわめてまれで、速い場合のほうが圧倒的に多いことが予備実験で示されたため、基準値より評価値が大きい場合にのみ、メッセージを表示しています。

表6.3にある改善数とは、ある参加者が発言中あるいは発言直後に、ある評価指標に関するメッセージが表示されて、同じ人のそれ以降の発言のその指標に関する評価値が良くなった場合に改善されたとみなし、その回数を全参加者に関して合計した値です。改善率は、ある評価指標に関する改善数をその指標のメッセージの全表示数で割った値です。5回分のミーティングでは、十分なデータは収集できませんでしたが、音響的特徴に基づく発言の評価結果をリアルタイムにフィードバックすることで、それなりに改善の傾向が見られることがわかりました。

6.2.2　サブスクリーンへの表示

ディスカッションマイニングでは、メインスクリーンのほかに、ミーティングのメタデータを表示するためのサブスクリーンがあり、参加者がミーティング中にいつでも見ることができるようになっています。書記が記述している発言内容（の要約）の他に、現在行われているディスカッションの木構造や発言の予約状況が表示されています。

そして、図6.3の枠線で囲んだ部分に示すように、会議参加者一覧が表示されているパネルの参加者の名前の横に、アイコンで最新の発言に関する評価結果を提示します。アイコンの種類がそれぞれの評価指標（声の大きさ、話の速さ、声の抑揚、流暢さ、話のテンポ）に対応し、アイコンの色がその結果（よい：緑、普通：黄、悪い：赤）を表しています。表示するアイコンはスペースや視認性の関係で2個に限定しており、結果の悪い（あるいは普通の）評価指標を2つ、あるいは、よい評価指標を1つと悪い（あるいは普通の）評価指標を1つ表示します。

サブスクリーンは、メインスクリーンとちがって、つねに視界に入るわけではありませんので、あまり直接的な効果はないと思われますが、メインスクリーンへのフィードバック表示がすぐに消えてしまうのに対して、サブスクリーンの場合は、同じ参加者の次の発言まで表示が保持されますから、自分以外の参加者の

図6.3 サブスクリーンでのフィードバック表示

分を含めて、評価結果を知りたいと思ったときには、有効であると考えられます。

6.2.3 タブレットへの表示

ディスカッションマイニング（DM）システムやミーティングレコーダーでは、参加者1人1人がタブレットを使用してミーティングに参加します。DMシステムの場合、タブレットには、メインスクリーンに表示されているプレゼンテーションスライドと同じものが表示され、ペンや指でマーキングをすることができます。第7章で述べるゲーミフィケーションにおいても、タブレットは重要な役割を果たします。

タブレットでは、図6.4に示すように5つのアイコンを使って、発言ごとの各評価指標の結果を、発言の終了直後に表示します。前述のサブスクリーンの場合と同様に、アイコンの種類がそれぞれの評価指標（声の大きさ、話の速さ、声の抑揚、流暢さ、話のテンポ）に対応し、アイコンの色がその結果を表しています。言語的特徴に基づく評価指標については、リアルタイムの解析がまだ困難ですの

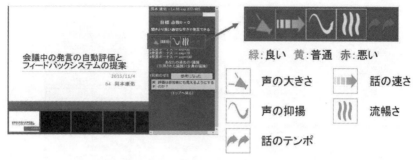

図6.4　タブレットを用いたフィードバック表示

で、タブレットには表示していません。

　タブレットへのフィードバック表示に関しては、メインスクリーンとサブスクリーンへの表示を先行して実施しているため、単独での表示に関する効果測定を行っていませんが、流暢さと話のテンポを改善するためには、少し話し方のトレーニングを行う必要があることがわかっています。

6.2.4　議事録での表示

　第1章で述べたように、ディスカッションマイニングでは、ディスカッションコンテンツの閲覧のために、ディスカッションブラウザというシステムを用いています。第4章のミーティングレコーダーでも、同様に議事録の閲覧システムが用意されています。これらのシステム上でも、各発言の内容およびその発言の評価結果を確認することができます。

　図6.5に示すように、発言者と発言内容が表示されている部分の直下に、他のメタデータとともに、アイコンが8個表示されています。このときには、発言のテキストも解析されており、言語的特徴に基づく評価指標に関しても、結果が表示されています。アイコン列の右端の3つのアイコンがそれらに相当します。左から、簡潔さ（四角のアイコン）、導入発言との合致性（「主題（に沿っている）」を表す「主」の文字のアイコン）、親発言との一貫性（「流れ（に沿っている）」を表す「流」の文字のアイコン）の結果を表しています。

　アイコンでは、一覧性にはすぐれていますが、詳細がわかりませんので、そのアイコンにマウスカーソルを合わせると、説明文がポップアップ表示されます（こ

発言者　　　　　書記が記述した発言のテキスト

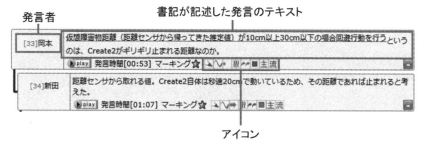

図 6.5　議事録内でのフィードバック表示（アイコン）

アイコン

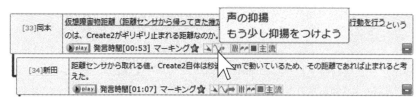

図 6.6　議事録内でのフィードバック表示（ツールチップ）

のようなユーザーインタフェースを一般にツールチップとよびます）。図 6.6 にその例を示します。この例では、波の形の「声の抑揚」のアイコンにカーソルを合わせると、「もう少し抑揚をつけよう」というアドバイスが表示されています。

■ 6.3　メールによるフィードバックと追跡調査

　6.2 節で述べたように、ミーティング中での評価結果のフィードバックには即効性があると思われますが、次のミーティングでも引き続き、前回に指摘された点を意識して発言するのはむずかしいかもしれません。それは、参加者がつねに発言力、ひいてはディカッション能力を高めようとしているわけではなく、ミーティング間で考慮すべき他の問題（例えば、課題の達成）などに注意を払わなければならないからです。

　そのため、前回のミーティングでの発言の問題点を思い出させるしくみが必要でしょう。もちろん、議事録を見直せば、前回のミーティングの内容とともに発言の評価結果も再確認できるのですが、よほど重要な議題でもない限り、議事録を頻繁に見直すことはないと思われます。

筆者らは以前に、議事録が完成してアクセス可能になったことを参加者に知らせるために、メール通知のしくみを実装しました。今回はそれとは別に、前回のミーティングでの発言に関する評価結果と次のミーティングで気をつけるべき点を、メールで参加者に知らせるしくみを追加しました。

　このメールによるフィードバックの例を図 6.7 に示します。これは HTML メールとよばれるもので、画像や Web ページへのリンクを含めた内容をメールアプリ上で表示することができます。図 6.7 の文章やグラフは、ディスカッションのデータに基づいて自動生成されたものです。これまでのミーティングの評価結果と比較して、あまり改善が見られない項目に関して、データを示しながらコメントしています。

　このメールを送信するタイミングは、議事録が完成したタイミングと、次回にミーティングが開催される日の前日のお昼頃です。筆者らは毎週水曜日に DM システムを用いたミーティングを行っていますので、1 週間以内に 2 通のメールを

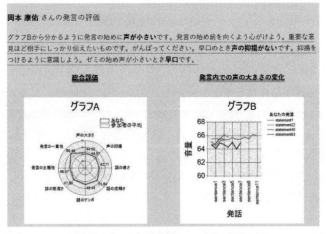

図 6.7　メールによるフィードバックの例

受け取ることになります。

■ 6.4 要約力の評価

　もちろん、6.3節までで述べた発言力だけがディスカッションの能力ではありません。ディスカッション能力は複合的な能力ですので、さまざまな観点で分析できます。

　第7章では、ディスカッション能力の構成要素として、理解力・分析力・構成力・伝達力の4つを想定し、それぞれに関する能力の評価を、ゲーミフィケーションの手法を採り入れることによって行っています。しかし本章では、基本的に、ミーティング中に取得可能なデータの機械的分析によって参加者のディスカッション能力を評価し、その人にフィードバックして、能力の改善を促す、というやり方について述べています。

　さて、発言力を「話す力」と捉えると、「聞く力」も同様に考慮する必要があるでしょう。発言力の評価指標には、導入発言との合致性や親発言との一貫性など、自分以外の人の発言をよく聞いていないと評価値が上がらないような指標もあります。しかし、ディスカッション全体をよく理解しているか、という観点で分析することを考えると、これらの指標では不十分だと思われます。

　そこで、「聞く力」に相当する能力として要約力というものを提案します。これは、人の発言を聞いて、短くまとめる能力です。筆者らの開発したDMシステムは、ミーティング中に書記を担当する学生が、すべての発言を記録するようになっています。ただし、発言のすべての内容を入力することは非常に困難ですので、必然的に、書記が発言を要約しながら入力するという方法になります。そのときに問われる能力が要約力です。

　この要約力の評価指標は、単なる記述量ではありません。キーボード入力の速い人が多くの文字を短時間に入力できるとしても、それは要約力が高いことを意味しません。それよりも、必要だと思われる内容だけ入力し、冗長と判断した内容は入力しない書記のほうが、要約力が高いといえます。

　そこで書記が入力した発言テキストに関して、次の項目について確認するための実験を行いました[5]。

● 書記による記述量の個人差

● ディスカッションのタイプと記述量の関係

　この実験では、筆者らの研究室の大学生・大学院生 6 人が書記を行ったディスカッションコンテンツを対象として、書記が入力した発言テキスト（以下、書記テキストとよびます）と、第 4 章で述べたミーティングレコーダーの音声認識を用いて生成したあとに人間が確認して認識間違いを修正した発言テキスト（以下、書き起こしテキスト）に含まれるキーワードの割合を比較しました。

　書記による記述量の個人差を考慮するために 6 人の書記を、1 発言あたりの平均入力文字数によって 3 つのグループ（各 2 人ずつ）に分類しました。平均入力文字数の多い順番からそれぞれのグループをグループ A、グループ B、グループ C とします。そして、それぞれの書記の担当したコンテンツを 2 個ずつ選出しました。つまり、書記ごとに 2 個、グループごとに 4 個、全体として 12 個のディスカッションコンテンツを対象としました。

　すべてのディスカッションコンテンツに含まれる発言の総数は 661 発言（1 ミーティングあたり 55.1 発言）で、ディスカッションセグメント（導入発言をルートとするディスカッション木）の総数は 137 個（1 ミーティングあたり 11.4 個）でした。

　ディスカッションコンテンツの音声認識結果には、「あのー」などの言いよどみが含まれますが、書き起こしテキストでは削除しています。次に、発言テキストにおけるキーワードの割合を求めるために、書記テキスト・書き起こしテキストのそれぞれに対して形態素解析を行いました。その結果に含まれる品詞の種類と数は、表 6.4 のようになりました。

　ただし、助詞などの付属語は除いています。さらに、重複する単語は除いています（そのような場合の数を異なり数といいます）。また、「わかる」と「わからない」のように、語幹が同じでも表記が異なる語は別のものとしてカウントしています。

　形態素解析によって得られた自立語（単独で意味を成す語）をキーワード候補として、前述の TF-IDF 値を計算し、ある閾値以上のものを発言のキーワードとしました。

　本実験で使用したディスカッションコンテンツにおける総文字数は、書記テキストでは 41,946 文字（1 ミーティングあたり 3,495 文字）で、書き起こしテキストでは 188,816 文字（1 ミーティングあたり 15,734 文字）でした。また、形態素

表 6.4　テキスト中の品詞の種類と数

品詞	書記テキスト	書き起こしテキスト
名詞	2,960	5,791
動詞	845	1,929
未知語	359	679
形容詞	169	349
副詞	24	49
連体詞	16	49
感動詞	0	1
その他	0	0
合計	4,373	8,847

解析によって得られたすべての形態素数（重複を含む）は書記テキストでは23,950個（1ミーティングあたり1,995個）であり、書き起こしテキストでは105,843個（1ミーティングあたり8,820個）でした。文字数や形態素数の観点から見ると、すべての発言内容を書き起こすために必要な記述量は、リアルタイムに書記が入力する記述量の約4倍であることがわかりました。

　書記のグループごとに、書記テキストにおける1発言あたりの自立語の数（①）、キーワードの数（②）、書き起こしテキストにおける1発言あたりの自立語の数（③）、キーワードの数（④）、共通キーワードの数（⑤）を集計しました。それらのデータの関係は、図6.8のとおりです。

　なお以下の説明のため、書記テキスト内のキーワード数と書き起こしテキスト内のキーワード数の比率を示す②／④を、書記が発言のキーワードをどれだけ書き起こしたかを測る指標ととらえ書き起こし率とよび、また、書き起こしテキスト内のキーワードに対する共通キーワードの含有率を示す⑤／④を、書記が発言内容をどれだけ正確に把握したかを測る指標ととらえ把握率とよぶことにします。同様に、書記テキスト内のキーワードに対する自立語の含有率を示す②／①を、書記がどれだけ無駄が少なく内容を記述したかを測る指標ととらえ簡約率とよぶことにします。

　実験では、把握率の平均は43.7%でした。このことから発言内容のキーワードの半分以上が、書記が入力する際に欠落していることがわかります。

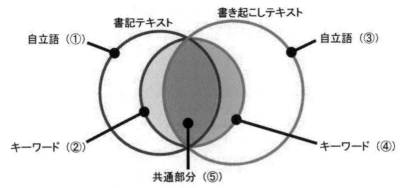

図 6.8　書記テキスト・書き起こしテキストにおける自立語・キーワード・共通キーワードの関係

6.4.1　書記による記述量の個人差の検証

　書記グループごとに書き起こし率（②／④）、書き起こしテキストにおける共通キーワードの含有率（把握率）（⑤／④）、書記テキストにおける共通キーワードの含有率（⑤／②）、書記テキストにおけるキーワードの含有率（簡約率）（②／①）の平均、標準偏差を比較した結果を図 6.9 に示します。

　1 発言あたりの平均入力文字数によってグループ分けを行ったため、書き起こし率もグループごとに差が存在することがわかりました。また把握率のグラフから、書き起こし率が高くなるにつれて発言内容中のキーワードがより多く記述さ

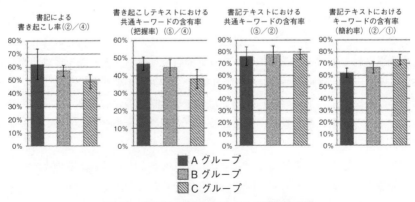

図 6.9　書記ごとの発言テキストの記述量の差

れることがわかります。その一方で、書記テキストにおける共通キーワードの割合を示すグラフを見ると、それほど個人差は見られませんでした。つまり、書記によって入力されるテキストの量とは関係なく、書記テキストにおけるキーワードの割合はほぼ一定であると考えられます。このことから、入力されるテキストの量は書記によって個人差がありますが、議事録としての品質自体には、個人差はあまりなかったようです。また、簡約率のグラフ（②／①）から、平均入力文字数が少ない書記は多い書記に比べ、より簡潔に書記テキストを入力していた可能性があることがわかります。つまり、平均入力文字数の多い書記は発言者の発言内容をできるだけ詳細に記述しようとしていたのに対して、平均入力文字数の少ない書記は発言内容をできるだけ短く言い換えながら入力を行っていたと考えられます。

6.4.2 ディスカッションのタイプと書記テキストの記述量の関係

ミーティングでは、質疑応答だけのディスカッションや、ブレインストーミングのように、あるテーマに関する意見の出し合いのようなディスカッションなど、さまざまなものが存在します。そのため例えば、質疑応答ならプレゼンテーションスライドを参考にできるので意味が理解しやすく書記テキストを作成しやすい、一方、資料をあまり参考にできない概念的な意見は理解しにくく書記テキストを作成しにくい、のようにディスカッションのタイプと書記テキストの記述量には関係があると考えられます。そのため、各ディスカッションコンテンツ内のディスカッションセグメントに対して、書き起こし率と把握率を求め、それぞれの値に対して、以下の式で表される基準値 SS_i を算出して、それらの傾向を比較してみました。ここで、X_i は X のそれぞれの値（X は書き起こし率あるいは把握率）、$E[X]$ は X の算術平均、$SD[X]$ は X の標準偏差です。

$$SS_i = \frac{X_i - E[X]}{SD[X]}$$

その結果を図 6.10 に示します。この図のように、ほとんどのディスカッションセグメントでは、書き起こし率と把握率はほぼ同じような傾向を示しました。

しかし、右側のグラフにおける 6 番目のディスカッションセグメントのように、書き起こし率が大きいにもかかわらず把握率が小さいケースがいくつか存在しま

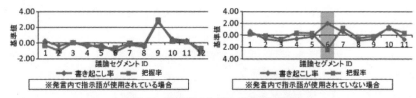

図6.10 書き起こし率と把握率の関係

した。このようなディスカッションセグメントを詳細に調べてみたところプレゼンテーションスライド内の図についての話であることがわかりました。このようなケースでは、図を指し示しながら発言を行っていますので、指示語を多用する傾向がありました。そのため、書記が指示語の内容を補う単語を入力することが多い一方で、発言内容にはそれらの単語が直接含まれているわけではないため、把握率が低くなることがわかりました。

　第3章の最後に述べたように、DMシステムでは、ディスカッションコマンダーとよばれるデバイスを使って、スライド内の任意の文字列を選択できますので、指示語の代わりにスライド内の文字が自動的に書記の編集画面に挿入されます。これによって、指示語の問題は解決されますので、ディスカッションのタイプによる書記の記述量には大きなちがいはないことになります。

6.4.3　要約力の指標

　ディスカッションのタイプと書記の記述量にはとくに依存性がないことから、要約力もミーティングの内容にかかわらず、できるだけ一般的に定義できるようになります。また、先に述べましたように、個人差が出やすいのは、書き起こし率・把握率・簡約率の3種類であると考えられます。

　そこで、この3つの値を、該当する書記の要約力の指標として用いることにします。そして、これらの値を、ミーティングが終了するごとに計算して、書記を担当した参加者にフィードバックします。

■ 6.5　ディスカッション能力を鍛える方法

　さて、本章では、ディスカッション能力を評価するために、その構成要素として、話す力としての発言力、聞く力としての要約力について考えてきました。も

ちろん、これら以外の能力についても考慮する必要がありますが、それは第7章に譲るとして、ここでは、機械的に評価できる指標に基づいてディスカッション能力をスコアづけして、ミーティング参加者に迅速にフィードバックすることを重視しています。それは、その結果を受けて、各参加者が次の機会にはよりよい結果を出すことができるようにするためです。

　どのようなトレーニングも、まず自分の今の状態を把握するところから始まります。そして、その状態を意識することによって、努力の方向性が決まります。スポーツと同様に、練習を積み重ねることによって上達します。ディスカッションの場合は、ミーティングでできるだけ多くの発言をし、発言力に関する指標の値が上がるようにします。また、書記を担当した際は、要約力に関する指標の値が上がるように意識して、書記を務めます。

　ちなみに筆者らの研究室では、セミナーの成績を、DMシステムで得られたデータに基づいて決めています[6]。ただし、現在では結果より努力の過程を評価したいと思っていますので、発言の質よりも量を、書記に関しても担当した回数を評価しているため、必ずしも成績優秀者がとくにディスカッション能力が高いと言い切ることはできない状況です。しかし、努力をしていない人の能力が上がることはありませんので、成績の低い人は、明らかにディスカッション能力も低いです。

　ディスカッション能力ひいてはコミュニケーション能力を鍛えるためには、かなり長いスパンで評価結果を記録する必要があります。短期的な評価結果の変動は、開発したシステムの性能を評価し改善するための手がかりとしては有効ですが、人間が確かにその能力を有しているかを判断するには十分ではないでしょう。これは、機械学習モデルのパラメータの最適化において、局所的な最適解が必ずしも真の最適解とならないことに似ています。

　人間の教育には時間がかかる、というのはよくいわれることですが、ディスカッション能力も基礎学力と同様に、長期的展望に基づいてしっかり身につけていく必要があると思います。そのためにはどうしても、道しるべとなるような、わかりやすいガイドがなければならないと思います。明確な根拠のない指導では、人は自分に自信がもてずに迷ってしまうでしょう。筆者らの開発した技術は、何をすればどのような能力が向上するのか、を明確にするために役立ちます。筆者はこのようなしくみによって「根拠に基づく教育（evidence-based education）」

が可能になると考えています。

　読者には、ディスカッションの能力が、人間が知的活動を行ううえでの基本的で重要なスキルであることが理解できたと思います。この能力を向上させることは多くの人にとって必須といえる課題です。しかし、目に見えるような成長が表れてこないと、人はそのトレーニングに飽きてしまうでしょう。第7章では、その問題に対する一つのアプローチを紹介したいと思います。

第7章 ゲーミフィケーションでやる気を維持する

ゲーミフィケーションとは、ゲームの要領で、より一般的な活動を促進させるための方法論です。活動をゲーム的に行うために必要なことは、活動をリアルタイムに評価して、フィードバックすることです。一般的な知的活動を評価してフィードバックできれば、ゲーミフィケーションによってモチベーションを維持しながらその活動を行うことができるでしょう。

また、ゲーミフィケーションでは、対戦相手（あるいは競争相手）がいることで、さらに効果が増します。ですから、ディスカッションに関しても、同じグループ内の人たちと競い合いながら能力を高めていけるようなしくみが重要になります。

本章ではまず、ゲーミフィケーションが利用者のモチベーションを向上させる理由を心理学の側面から説明し、次に実際に幅広く利用されている例を紹介します。その後ディスカッションにゲーミフィケーションを導入するためのフレームワークとその導入方法について述べたいと思います。

■ 7.1 ゲーミフィケーションとは何か

近年、ゲーミフィケーションという言葉が広く利用され始めています。ゲーミフィケーションとは、「ゲームの要素を社会活動やサービスアプリケーションの開発に取り入れていく動き」であるといわれています[1]。具体的には、レベルや表彰などのさまざまなゲーム要素をシステムに導入することにより、システムを利用するモチベーションを高める工夫をすることです。ゲーミフィケーションの概念自体は決して新しいものではなく、以前からさまざまなサービスに活用されています。例えば、商店のポイントカードや、ブログのアクセスランキングなどもゲーミフィケーションの一種とみなせます。2010年代に入り、そうしたゲーム要素を活用する手法一般をゲーミフィケーションと総称するようになったようで

す。

　ゲーミフィケーションという言葉は近年使われるようになったばかりですが、その根底には心理学における人間のモチベーションに関する研究があります[2]。ゲーミフィケーションの根底にある心理学の研究として、Fogg の行動モデル（Fogg's behavior model）とよばれるシンプルな人間の行動モデルがあります[3]。それは、人間の行動は以下の 3 つの要素によって生まれるものだということです。

①モチベーション

②アビリティ

③トリガー

　人は喜びや痛みや希望などの理由によって行動したいと思い（これが、モチベーション）、そしてその行動が実行可能な状態であり（これが、アビリティ）、さらに何かのきっかけがあることで実際に行動する（これが、トリガー）という考え方です。

　図 7.1 に示すように、ある人間が高いモチベーションと高いアビリティをもつことによって行動する可能性が高まっていき、さらにトリガーにより実際に行動する、というシンプルなモデルです。

　ゲーミフィケーションがシステム利用者の行動を促進させる過程において、モ

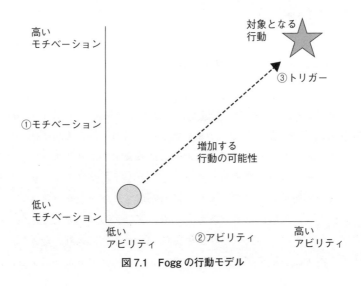

図 7.1　Fogg の行動モデル

チベーション・アビリティ・トリガーを十分に生み出しているか、あるいは増幅させているか、ということが問題になります。では、次に、それぞれの要素の詳細について述べます。

7.1.1 モチベーション

Maslow の欲求階層説（Maslow's hierarchy of needs）という人間のモチベーションに関する理論があります[4]。図 7.2 のように、Maslow によれば、人間の欲求は、5 段階の欲求の階層からなるとしています。それは以下のものです。
① 生理的欲求
② 安全・安定欲求
③ 愛情・所属欲求
④ 承認・自尊欲求
⑤ 自己実現の欲求

　生理的欲求とは、食事や睡眠など、生きるための基本的な行動に対する欲求です。安全・安定欲求とは、雨風をしのぐ家や健康など、安全で安心な生活に対する欲求です。愛情・所属欲求とは、集団への所属や他者の愛情などを求める、社会的な欲求です。承認・自尊欲求とは、他者からの承認や尊敬を得て自分に自信

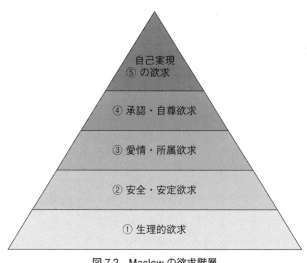

図 7.2　Maslow の欲求階層

や尊厳をもちたいと考える、内的な心を充足させる欲求です。最後に自己実現の欲求とは、自分の能力を引き出し創造的活動をしたいと考えるなど、より高次の欲求です。

　人間はより下位の欲求から順番に満たしたいと考え、下位の欲求が満たされることで次の欲求が生まれるのだそうです。下位の欲求のいずれかが欠如するとそれより上位の欲求は一時的に失われ、そのとき欠如する最も下位の欲求を満たしたいと考えるようになるということです。①から④の欲求は満たされると次の欲求へと移り変わりますが、⑤の自己実現の欲求は完全に満たされることはなく、1つの自己実現の欲求が満たされるとさらに別の自己実現の欲求が生まれるのだそうです。

　ゲーミフィケーションの文脈においても、5段階の欲求を満たす要素により、利用者のモチベーションを向上させていると考えられます。ただし、生理的欲求および安全・安定欲求は、ゲーミフィケーションが導入される環境において、すでに十分に満たされていることを前提としています。

　愛情・所属欲求は、ゲーム内のコミュニティによって満たされるでしょう。ただし、筆者らの研究においては、研究室のセミナーにゲーミフィケーションを導入するため、研究室自体が1つのコミュニティであるといえます。承認・自尊欲求は実績・ステータス・ランク・努力に対する評判などのゲーム要素により、他者からの評価や自分に自信がもてるような結果を明確に与えることで満たすことができると考えています。また、自己実現の欲求は、進捗・学習・発見・ポイントの獲得などのゲーム要素により、利用者のさまざまな行動に対する結果を与えることで満たすことができるでしょう。

　また、モチベーションはMaslowの欲求階層説とは別に、大きく2種類に分けることができます。それは、内発的モチベーションと外発的モチベーションです。内発的モチベーションは、好奇心など、人間の心の内から発生するモチベーションであり、外発的モチベーションは、報酬など、その行動に付随する外的要因によって発生するモチベーションです。ゲーミフィケーションにおいてはどちらも重要なモチベーションですが、報酬などの外的要因は一時的に強い効果を生むと同時に内発的なモチベーションを下げる要因にもなるといわれていますので、まずは内発的モチベーションを向上させるよう工夫すべきであると思われます。内発的モチベーションは長期的なモチベーションとなるため、十分に内発的モチベー

ションを向上させたうえで、外発的モチベーションを向上させるための要素を慎重に導入していくべきでしょう。

7.1.2　アビリティ

　アビリティとは、ある行動が可能であることを意味しており、例えば試験中に「まだ問題を解く時間がある」という時間的な可能性や「試験の内容が学習範囲内で理解できる」という能力的な可能性などがあります。モチベーションが十分高い場合でも、その行動が実際に可能でなければ、人間は行動しようとしないと思われます。つまり、「問題を解く時間がない」場合や「試験の内容がまったくわからない」場合は、その人は問題を解くことをあきらめてしまうでしょう。

　ゲーミフィケーションにおいて、システム利用者のアビリティを考慮するうえで重要となるのは、実行不可能な行動に対して強いモチベーション向上やトリガーを用意することは逆効果を生む可能性があるということです。試験の例でいえば、「極端に少ない制限時間」や「専門分野の異なる試験」であるにもかかわらず、高い報酬が用意され、今すぐに受験しなければならないような状況に追い込まれると、その人は強いストレスを感じてしまうでしょう。

　この問題を解決するためには、システム利用者のアビリティを増加させることで、実行不可能であると思わせないことが必要となります。具体的には以下の2つの方法があります。

- 実践やトレーニングを通してユーザーにできると思う段階まで成長させること
- アビリティが十分でない場合でも実行可能となるように、タスクをより容易なものにすること

　1つ目の方法は、例えば問題を早く解くコツを教えることや、試験の出題範囲を知らせて事前に勉強する機会を与えるなどの方法があります。2つ目の方法は、試験の問題をよりやさしいものに変更するなどの方法が考えられますが、現実の状況では一般に実現が困難です。ゲーミフィケーションにおいても、現実の活動に導入する場合がほとんどであるため、さまざまな制約によって2つ目の方法をとることは容易ではないでしょう。しかし、1つ目の方法は、システム利用者に何らかの行動を要求することによりモチベーションを減退させる危険性があります。そのため、とくに制約がない場合は、2つ目の方法を用いてシステム利用者のアビリティを増加させることが望ましいと考えられます。

7.1.3 トリガー

トリガーとは、人を行動に至らせるきっかけとなるものです。十分なモチベーションやアビリティを有している人であっても、行動するためにはトリガーが必要となります。例えば、困難なタスクであると思い込み実行可能であることに気づいていない場合や、すぐに行動してよいのかわからず躊躇してしまう場合、また他の作業に熱中しその行動に思い至らない場合など、きっかけがないと行動は発生しないでしょう。

ゲーミフィケーションにおいてトリガーを与えるためには、トリガーの良し悪しについて把握する必要があります。よいトリガーとは、システム設計者がしてほしいと思うことを利用者に行わせるだけでなく、同時に利用者をよい気分にさせるトリガーでしょう。例えば、レベルアップまでの進捗や他の利用者が獲得した報酬をわかりやすく提示することにより、さらなる利用促進を図るなどです。一方で、悪いトリガーとは、利用者を悪い気分にさせるものや、システム設計者が想定する行動に結びつかないものです。身近な例では、スパムメールやポップアップ広告などが悪いトリガーといえるでしょう。つまり、利用者に不快感を与えないよう工夫をしてトリガーとなる要素を導入する必要があります。

前述の Fogg はトリガーを以下の 3 種類に分類しています。

- スパーク
- ファシリテイター
- シグナル

スパークとは、アビリティは十分あるけれどもモチベーションがあまりないような利用者向けのトリガーで、演出効果などによりモチベーションを向上させるためのメカニズムです。ファシリテイターとは、モチベーションは十分あるがアビリティが不足している利用者向けのトリガーで、タスクをシンプルに説明するなどによりアビリティを向上させるメカニズムです。シグナルとは、アビリティもモチベーションも十分ある利用者向けのトリガーであり、リマインダーとしての役割を果たします。Fogg は、ファシリテイターとシグナルのトリガーは多くの利用者に効果的であるけれども、スパークのトリガーを効果的に与えることができるのは少数の利用者のみであると述べています。

以上のように、さまざまなゲーム要素が利用者に高いモチベーションやアビリティをもたらし、効果的なトリガーを与えることが可能であると思われます。ゲー

ミフィケーションを適切に導入することにより、利用者の行動を促すことができるでしょう。

また、フローとよばれる重要な精神状態が存在します。フローとは何かに深く没頭している状態のことで、その結果として活動の効率が最もよくなる状態です。提唱者である Csikszentmihalyi は、フローを体験する際の構成要素として以下の8つを挙げています[5]。

- 明確な目的がある
- 限定された分野への専念と集中
- 自己に対する意識の感覚の低下
- 時間間隔のゆがみ
- 直接的・即時的な反応
- 能力の水準と難易度のバランス
- 状況や活動を自分で制御している感覚
- 活動に本質的な価値を見いだしていて苦にならない

フロー状態となるには、タスクが困難であり、かつ活動に従事する人間の能力が高い状態が望ましいです。図7.3 に示すように、タスクの難易度と人間のスキ

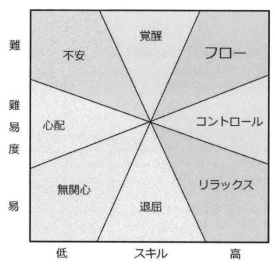

図7.3　タスクの難易度と人間のスキルによって変化する心的状態

ルによって人間の心的状態は変化します。

　ゲーミフィケーションを導入する際には、システムの利用者がフロー状態になれるように導くために、それぞれが魅力的に感じる要素を導入する必要があります。例えば、多くの人はコントロールやリラックスの状態を好むとされていますが、徐々に能力が向上していくにつれて退屈となってしまうため、そう感じさせないようなタスクや驚き・意外性を与えることが重要でしょう。単にゲーム要素を導入するのではなく、利用者の能力の多様性・変化を考慮してバランスを調整すべきでしょう。

　以上のように、心理学の観点から、ゲーミフィケーションを適切に導入した場合、モチベーションを向上・維持できる可能性があることがわかります。しかし、Fogg が述べているように、モチベーションを感じる要素は人によって異なるため、例えば、モチベーションを向上させるためのスパークのトリガーは一部の利用者にしか効果的でないという問題が残っています。そこで、ユーザーの性格に基づいてタイプ分類を行い、それぞれのタイプにとって効果のある要素を導入することで、より多くの利用者のモチベーションを高めるトリガーとすることが可能であると考えられます。

　このタイプ分類については、詳しくは述べませんが、ユーザーの活動データを集積することで、やはり機械学習を用いて分類することができるでしょう。

■ 7.2　ゲーミフィケーションの応用例

　近年、ゲーミフィケーションはさまざまな場面で応用される機会が増えてきています。ここでは、いくつかの応用例とその効果について述べます。

7.2.1　一般的なサービスにおける応用例

　Zaim という、家計簿を記録する Web サービスがあります（http://zaim.net/）。使用した金額はすべてプログレスバー形式で表示され、過去のデータと容易に比較可能な分析グラフで可視化されます。またバッジによる報酬要素やお金の使用状況を他人と比較することで自分が使いすぎているかどうかなどを確認できるソーシャル要素も導入されており、長期にわたって継続して利用してもらうための工夫が採り入れられています。

Codecademy はプログラミングを楽しみながら学べるゲーミフィケーションの導入された Web サービスです（http://www.codecademy.com/）。例えば、HTML などのコードを入力すると即座に解析し、リアルタイムにプレビュー表示されるという可視化要素や、小さな課題を少しずつ達成していくシンプルな目標要素による飽きのこないつくりや、多様な条件によって獲得できるバッジによる報酬要素など、数多くのゲーム要素が導入されています。

7.2.2　問題解決のための実験的な応用例

アメリカの前大統領である Barack Obama は、当時の大統領選挙における選挙キャンペーンの一環としてゲーミフィケーションを活用していました。マイバラクオバマ・ドットコムは SNS としての機能と選挙を支援する機能を併せもったサービスで、ポイントやレベルといったゲーム要素によって楽しみながら選挙活動の支援ができます（http://www.barackobama.com/）。このサービスにより、彼に対するネット献金額は増大し、選挙戦勝利への一翼を担ったとされています。

スターバックスでは、コーヒーカップの廃棄量を減らすためのアイディアコンペである「betacup」が行われ、カルマカップとよばれるアイディアが優勝となりました（http://www.thebetacup.com/）。カルマカップの概要は、店頭に置かれた黒板にマイカップを持参した人がチェックマークを記録していき、10 人目、20 人目となった人は飲み物が無料になるというサービスです。個人がポイントを溜めるのではなく、全員が共通したポイントを溜めていくことで、資源を無駄にしないという問題解決への連帯感や、無料サービスを受けられるかもしれないという期待感をもたせることができます。

7.2.3　研究としての応用例

AutoCAD の複雑なソフトウェアの機能をわかりやすく理解するためにゲーミフィケーションを導入した研究があります[6]。NASA の宇宙飛行士になるという仮想的なストーリーや、CAD における基本的なコマンドを順番に学んでいくミッションなどのゲーム要素が採り入れられています。被験者実験の結果、通常の CAD を用いて操作を学ぶ場合より、時間・習熟度の両面においてすぐれていることがわかりました。しかし、多数の被験者がゲーム要素を魅力的と答える一方で、一部の被験者は強制されるような時間制限や速いテンポの BGM を不快に感じた

とも答えています。この研究結果からも、ゲーミフィケーションの導入は慎重に行うべきで、また、すべての利用者のモチベーションを向上させることは困難であることがわかります。

　ソフトウェア開発を効果的・効率的に行うために、ゲーミフィケーションを導入している研究もあります[7]。コーディングツールが自動でコードを分析し、コードの長さや冗長性などからプログラムの品質を評価し、開発者に点数をフィードバックしています。実験により、ゲーミフィケーションを導入したほうが、導入しない場合と比較してプログラムの品質が向上したことがわかりました。点数がフィードバックされることにより、開発者は注意深くコードを書くようになったと考えられます。

　以上のように、一般的なサービスから専門的な研究まで、ゲーミフィケーションは幅広く応用されてきています。しかし、一般のミーティングを対象とし、ディスカッション能力を向上させるための手法としてゲーミフィケーションが用いられている例は筆者らの研究以外には今のところありません。

　7.3 節では、ゲーミフィケーションをミーティングに導入するうえで、これまで例に挙げたゲーミフィケーション導入方法とは異なる点を明らかにして、適切なゲーム要素を導入するためのフレームワークについて述べたいと思います。

■ 7.3　ゲーミフィケーション・フレームワーク

　ゲーミフィケーションの応用例には、不特定多数の利用者のサービス利用回数の増加や、作業の効率化を目指すものが多く、ほとんどの場合、導入直後に効果が現れるものです。しかし、筆者らが対象とするミーティングにおいては、限られた時間内における活動を活性化し、一時的にモチベーションを高めることは可能であっても、短期間にディスカッション能力を向上させることはまだ困難です。参加者が質の高いディスカッションを行えるようになるためには、全員が経験を積み、徐々に成長していく過程を詳細に記録して評価し、支援する必要があります。

　またこれまでの事例では、一般的にソーシャル要素（他者との競争や協調など）を積極的に採り入れる場合が多くありますが、ミーティングの場合、ディスカッションそのものがソーシャル要素のほとんどを占めると考えられますので、追加

で導入するソーシャル要素はそれを補助するものになるでしょう。

7.1 節で述べたように、ゲーミフィケーションを適切に導入するためには、さまざまなゲーム要素を慎重に採り入れていくことが重要です。ゲーム要素をシステムやサービスに適切に導入するために検討すべき要素をまとめたものを、ゲーミフィケーション・フレームワークとよびます。その例として、以下の6つがあります[8]。

- 目的と利用者
- 可視化要素
- 目標要素
- ソーシャルアクション
- プレイサイクル
- 適用後の改善・運用

まず、利用者がどのような性格であるかを想定し、利用者がシステムを利用する動機を把握することが重要です。しかし、筆者らは研究室でのミーティングを対象としているため、利用者はおもに研究室の学生で、ミーティングへの参加は義務づけられていますので、明確な目的をもたないまま参加している可能性があります。そのため、学生に明確な目的をもたせることもゲーミフィケーションの一環として考えます。

また、利用者が目的を達成する途中経過を数値化して可視化することにより、利用者の自信を高め、今後の指針を与えることができます。このとき、具体的な行動の具体的な数値目標を設計することが重要です。そのため、ディスカッション能力が向上する過程を可視化し、具体的な能力を習得することを目標の要素とします。

ソーシャルアクションとは、利用者間において直接的・間接的にインタラクションが発生するような機能で、具体的には、ランキング表示や、掲示板といった機能が挙げられます。筆者らの研究においては、前述したようにディスカッションそのものをソーシャルアクションとみなすことができると考えられます。

プレイサイクルとは、利用者がシステムを利用して初級者から上級者へとレベルアップしていくプロセスで、実際に運用しながらシステムを改善していくことが重要です。

しかし、ゲーミフィケーション・フレームワークについては、定義が確定して

おらず、例えば、McGonigal は目標・ルール・可視化・自発的な参加が主要な特徴であると述べています[9]。

　そこで、前述のゲーミフィケーション・フレームワークをベースとし、他のゲーミフィケーション導入方法を参考にして、ミーティングのためのフレームワークとなるように要素を合成・削除した新たなゲーミフィケーション・フレームワークを提案します[10]。また、ディスカッションにゲーミフィケーション・フレームワークを導入したしくみをゲーミファイド・ディスカッション（以下、GD）とよぶことにします。

　ミーティングのためのゲーミフィケーション・フレームワークは図 7.4 に示すように 7 つの要素から成り立っています。スタート地点にいる、ディスカッションに不慣れな学生が各ゲーム要素によってモチベートされ、最終的にディスカッション能力が向上した状態であるゴールに向かうことができます。

　このゲーミフィケーション・フレームワークの各要素について次に述べます。

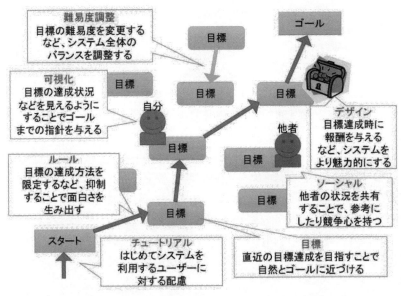

図 7.4　ゲーミフィケーション・フレームワークの例

7.3.1　目標

大学の研究室で行われるディスカッションの目的は、意見交換により研究内容を改善し今後の方針を決定することと、学生のディスカッション能力を向上させることの2つに分けられます。

学生の能力が向上すれば、研究をよりよくするためのディスカッションが効果的に行われるであろうという前提のもと、ここでは学生のディスカッション能力を向上させることに着目し、これをGDの最終的な目標とします。

最終的な目標に至るための段階的な目標要素として、いくつかに分解されたディスカッション能力の向上が考えられます。この分解された能力とは、例えば「大きな声で発言できる」のような基本的な能力から「最終的に話をまとめられる」といった高度な能力まであります。ミーティング参加者は細かく分解されたディスカッション能力のなかから向上させたい能力を自発的に目標とし、意識的に発言を行うことで能力の向上を目指すようにします。

7.3.2　可視化

ミーティング参加者は分解されたディスカッション能力を独立に1つずつ習得していく過程を把握することにより、能力の向上を自覚し、達成感を得ることができるでしょう。そのために、ディスカッション能力の向上をリアルタイムに知らせるしくみ、またあとから自身の能力の向上度合いを確認できるしくみが必要となります。

7.3.3　ルール

第6章で述べたように、ディスカッション能力を機械的に評価する場合、発言内容の意味的な評価は困難で、発言数や声量といった量的な評価しかリアルタイムにできないため、ミーティングに参加する人間同士がお互いの発言内容の意味的な評価を行っています。また、ディスカッション全体を通して他者を評価するのではなく、1回の発言ごとに評価を行うことにより、学生の発言回数の増加を狙います。このような参加者の行動を規定するものをルールとよびます。

7.3.4　デザイン

魅力的な世界観や多様な報酬などにより、学生の参加意欲を向上させるしくみ

です。仮想的な報酬を与えることで、内発的モチベーションを著しく下げないように注意しつつ、外発的モチベーションとなる要素を慎重に決める必要があります。

7.3.5 ソーシャル

Webページを利用して、ディスカッション能力の習得度合いを確認できるしくみを導入し、ユーザー同士が能力を比較し合って、互いに競争意欲をもつようにします。また、ディスカッション能力の高い他者の発言を振り返り、自身の発言の参考にすることも可能になります。さらに、ミーティング終了時にはすぐれたディスカッション能力を発揮した参加者をランキング表示して称賛することで、一層の競争意欲をもたせ、自尊欲求を満たすことを目指します。

7.3.6 チュートリアル

研究室に所属して初めてミーティングに参加する学生にとってGDは、第1章で述べたDMシステムだけでなく新たなゲーミフィケーションの要素も理解する必要があり、負担が大きいと思われます。そこで、それぞれのシステムの使い方を理解することもゲーミフィケーションにおける1つの目標とし、きめ細かな指針を提示することで、システム理解の促進を図ります。

7.3.7 難易度調整

GDの利用者は教員と学生の2種類に大別されます。またディスカッション能力という観点においては、学生のなかでもすでに研究室に所属している学生と新規に配属された学生のあいだには大きな差があると考えられます。目標の難易度や複雑さを可視化することにより、幅広いディスカッション能力をもった参加者が、それぞれ自分に適した目標を選択することが可能になります。

また、ゲーミフィケーションを導入するうえで注意しなければならない観点は、個人の能力差による劣等感への配慮です。個人の能力が数値化され、共有される状況は、一部の人間に対して達成感や優越感を演出する一方で、その他の人間に劣等感を抱かせ、モチベーションを著しく減退させる要因となりかねません。人間の能力は1つの評価基準で決定されるものではなく、多種多様な能力の組合せになります。そのため、それぞれの特性を適切に評価し、個人の苦手としている

部分だけでなく得意としている部分を明確に自覚できるようにして、達成感の演出を狙う必要があるでしょう。

■ 7.4　ディスカッション能力の細分化

　GD の目的は、ミーティングに参加する学生のモチベーションおよびディスカッション能力の向上です。ディスカッション能力の向上を評価するためには、DMシステムによって記録される情報以外に人手による評価情報が必要となりますが、同時に、ミーティング中に他者の評価を行うことによってディスカッションへの集中を妨げる危険性があります。

　そこで、評価にかかるコストをできるだけ下げる必要があります。まず、複雑な技術の総合能力であるディスカッション能力を細分化して、より具体的に評価できるようにします。

　例えば、日本ディベート協会では、ディスカッションに必要な能力、あるいはディスカッションによって身につく能力を以下の4つに分類しています（http://japan-debate-association.org/）。

- 理解力
- 分析力
- 構成力
- 伝達力

　理解力とは、議題の背景・相手の発言内容・その意図を理解する能力です。分析力とは、ディスカッションの内容を理解したうえで、相手の発言に矛盾や曖昧な部分がないかを分析する能力です。構成力とは、自らの発言内容をわかりやすく、説得力があるように構成する能力です。伝達力とは、相手が理解しやすいように、話し方や態度・ジェスチャなどに工夫を加える能力です。

　しかし、このような分類はどちらかというと抽象的で、実際にミーティング中に他者を評価する際の指標として用いることは困難です。そこで、この4つの能力は、ディスカッション能力を大まかに分類するカテゴリとし、各カテゴリに属する能力をさらに細かく分類しました。

　そして、ミーティングやディベートにおける心得・技術について述べられた6冊の本から具体的なディスカッション能力に関する記述を抜粋し、実際にミーティ

ング参加者となる研究室に所属する学生 10 人に、それらの評価が可能であるかどうかのアンケート調査を行いました。

これにより得られた計 75 個のディスカッション能力を、日本ディベート協会が提唱する 4 つの能力のいずれかに分類しました。その結果、理解力カテゴリに「意見を言える」「質問ができる」など計 10 個を、分析力カテゴリには「批判意見を言える」「曖昧な部分を質問できる」などの計 28 個を、構成力カテゴリには「意見の理由を述べて発言できる」「簡潔に質問できる」などの計 11 個を、伝達力カテゴリは「大きな声で発言できる」「平易な言葉を用いて発言できる」などの計 26 個を分類しました。

さらに、DM システムを利用したミーティングの参加者には、ディスカッションコマンダーの操作による発言予約やスライド内オブジェクトの選択などの能力が必要となります。滞りなくディスカッションを行うためには、これらの操作を正確かつスムーズに行う必要がありますので、DM システムを扱う能力についてもディスカッション能力の一分類としました。これを DM 力とよび、DM 力カテゴリに属する能力として「発言予約に手間取らずに発言できる」「スクリーン上の要素を指示して発言できる」などの計 8 個を新たに追加しました。

以上の 5 つのカテゴリに属する計 83 個の能力には、「意見が言える」「簡潔に意見が言える」のように、包含関係にあるものが多く存在します。そこで、すべてのディスカッション能力間においてそれぞれ包含関係にあるかどうかを調査し、包含関係にある 2 つの能力の部分集合にあたる能力を下位能力とし、もう一方を上位能力としました。これに基づいて、ディスカッション能力をそれぞれノードとし、包含関係にある 2 つの能力のノードをリンクでつないだグラフを作成しました。その一部を図 7.5 に示します。これをディスカッション能力グラフとよびます。このグラフでは、ディスカッション能力ノードをカテゴリごとに色分けしています。

また、包含関係による上位下位関係とは独立に、各ディスカッション能力の獲得が困難かどうかを研究室内の学生に 5 段階で回答してもらいました。そして、その平均値を 100 点満点に換算したものを、その能力の難易度として設定しました。

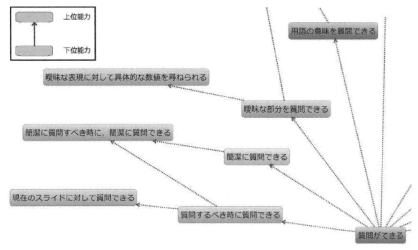

図7.5　ディスカッション能力グラフ

■ 7.5　ゲーミファイド・ディスカッションの運用

　GDでは、ディスカッション能力グラフに基づいて、細分化されたディスカッション能力を1つずつ獲得していくことにより、最終的に総合的なディスカッション能力が向上することを期待しています。そこで、細分化された能力1つ1つを獲得していく過程をゲーミフィケーションにおける目標要素として利用します。

　今回整理した83個のディスカッション能力は発言の内容に関する能力がほとんどで、これらを適切に評価するためには、発言が行われるたびにその発言者のディスカッション能力を評価することが望ましいでしょう。いずれ機械学習を用いて自動化するとしても、しばらくは人間が評価して、正解データを作成していく必要があります。また、個人ごとの評価に含まれる主観性や曖昧性をできるだけ軽減するため、発言者以外のミーティング参加者全員によって評価を行って、その平均値を評価点として用いています。

　第6章で述べたようなディスカッション能力の自動評価は、話し方が適切かどうか、あるいは話している内容が適切かどうか、を評価するものでしたが、GDにおけるディスカッション能力の評価は、ある参加者が設定した目標の達成度を他の参加者が評価するものです。これらは、ディスカッション能力の異なる側面

を評価しているものと考えられます。後者のほうが、明確な評価基準が存在しないため、自動評価がより困難であるといえます。つまり、第6章での手法は機械的な評価に向いているため人間の評価者は必要ありませんが、本章でのGDは複数の参加者が相互に発言を評価しながらディスカッションを行うことを前提としています。

　そこで、評価者の負担をできる限り少なくするために、発言者はディスカッション能力のうち1つのみを目標として設定し、評価者である他の参加者は発言を聞きながら、1つの目標に関してのみ評価を行います。ミーティング参加者は事前に、図7.6に示すようなマイページとよばれるWebページにアクセスし、ディスカッション能力グラフや各能力のカテゴリ、獲得難易度を確認しながら目標を設定します。設定可能な目標に、包含関係・カテゴリ・獲得難易度による制限などは設けていませんので、参加者が自由に目標を設定することができるようになっています。

　そして、図7.7に示すようなミーティング中に発言者の目標を評価するための発言評価インタフェースを作成しました。発言評価インタフェースは、さまざま

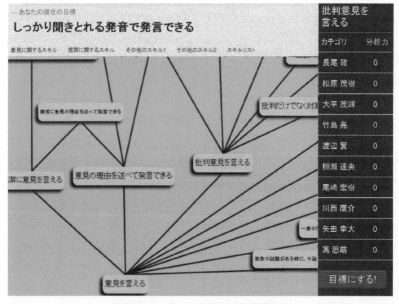

図7.6　マイページ（目標設定画面）

図7.7　発言評価インタフェース

なデバイスから利用可能なように Web ブラウザで利用可能なブラウザアプリケーションとして作成したものです。とくに、タッチ操作によって評価が容易となるようなユーザーインタフェースになっているため、タブレットデバイスのようなタッチパネルを内蔵したものの利用を推奨しています。

　また、目標の達成度合いにかかわらず発言内容がすぐれていると評価者が判断した場合に、目標に対する評価に発言の質の評価を含めてしまう場合があるため、発言者の目標とは独立に発言の質を評価する機能を発言評価インタフェースに追加しました。

　評価者は、発言評価インタフェースに表示される発言者の目標を確認しながら発言者の発言を聞き、目標が達成できているかどうかを5段階で評価します。5段階評価は1から順に「できていない」「少しできている」「半分程度できている」「よくできている」「大変よくできている」としました。発言の質に関する評価はプラス1またはプラス2を入力可能としています。これは、目標のように5段階で厳密に評価するのではなく、「よい」と思えばプラス1を、「非常によい」と思えばプラス2を、とくに何も思わない場合は質の評価を行わないようにしました。これらの評価の粒度は、筆者らができるだけ迅速かつ精密な評価を可能にする

ために調整した結果です。

評価を入力し送信ボタンを押す（タブレットの場合はタップ、PC の場合はマウスクリック）すると、点数がサーバーに送信・記録されます。このとき、インタフェース画面はプレゼンテーションスライドの表示に切り替わります。評価をやり直したい場合は、画面上部に表示されるタブ一覧から「評価」を選択することで、再度発言評価インタフェースを表示させて、現在の発言に対する評価を修正することができます。

発言に対する評価が行われると、サーバー上ですべての評価点数が集計され、発言者の発言評価インタフェースに結果が表示されます。発言者の目標に対する最終的な評価点は、全員の評価の平均点が用いられ、発言の質に対する評価は、全員の評価の合計が用いられます。自分の発言に対する点数はすぐに確認可能なように、図 7.8 に示すような、画面右上のユーザー情報ビューに表示されます。ユーザー情報ビューには、直前の発言に対する評価点数のみが表示されます。

発言者は発言終了後に評価点数を確認して、同じ目標のまま再度発言を行うか、目標を変更するか、などの判断を行うことができます。

発言者の目標に対する全評価点の平均は、発言者のその目標の達成点となります。全員からの評価の平均が「よくできている」評価以上であれば、十分に目標を達成できていると判断し、目標の達成点が 4 点以上であれば目標を達成したとみなします。

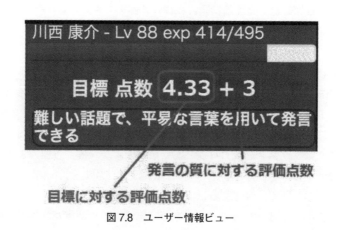

図 7.8　ユーザー情報ビュー

■ 7.6 ディスカッション能力の可視化

ミーティング終了後に、参加者はWeb上のマイページで、各ディスカッション能力カテゴリの達成度を他者と比較しながらレーダーチャートで確認することができます。図7.9に示すように、現在の達成度がグラフによってわかりやすく可視化されるため、自分の得意分野・苦手分野を把握しながら次の目標を設定することができます。カテゴリごとの達成度は、そのカテゴリに属するすべての目標の過去最高得点を平均した値になっています。

また、各カテゴリの要素の詳細については、図7.10に示すような表として表示されます。

また、マイページには過去の全発言を振り返ることができる履歴表示機能があり、過去に自分が評価した発言の履歴および自分が評価された発言の履歴を確認することができます。図7.11に示すように、発言ごとに、発言の内容、発言者の発言時の目標が表示され、「点数を見る」ボタンを押すと、その発言に対するすべての目標評価点数が表示されます。評価者の匿名性を保持しつつ、点数の有用性を上げるために、評価者名は「教員」「学生」のみの2種類を表記しています。履

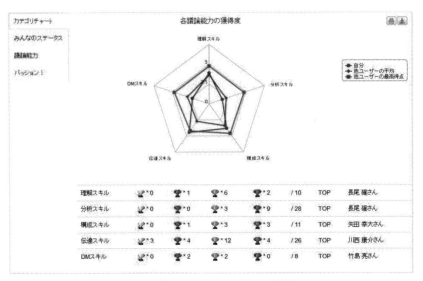

図7.9 ディスカッション能力の獲得状況

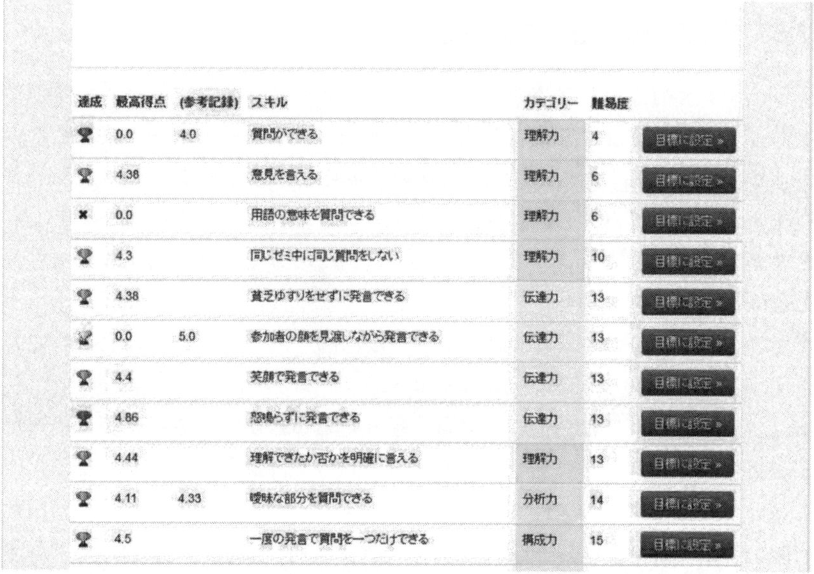

達成	最高得点	(参考記録)	スキル	カテゴリー	難易度	
🏆	0.0	4.0	質問ができる	理解力	4	目標に設定 »
🏆	4.38		意見を言える	理解力	6	目標に設定 »
✖	0.0		用語の意味を質問できる	理解力	6	目標に設定 »
🏆	4.3		同じゼミ中に同じ質問をしない	理解力	10	目標に設定 »
🏆	4.38		貧乏ゆすりをせずに発言できる	伝達力	13	目標に設定 »
🏆	0.0	5.0	参加者の顔を見渡しながら発言できる	伝達力	13	目標に設定 »
🏆	4.4		笑顔で発言できる	伝達力	13	目標に設定 »
🏆	4.86		怒鳴らずに発言できる	伝達力	13	目標に設定 »
🏆	4.44		理解できたか否かを明確に言える	理解力	13	目標に設定 »
🏆	4.11	4.33	曖昧な部分を質問できる	分析力	14	目標に設定 »
🏆	4.5		一度の発言で質問を一つだけできる	構成力	15	目標に設定 »

図 7.10　ディスカッション能力の詳細

歴を閲覧することで、自分の発言の内容と目標のズレを確認し、目標達成のための計画を立てることが可能となります。

■ 7.7　外発的モチベーションのためのいくつかの工夫

前述のように、人間のモチベーションには内発的モチベーションと外発的モチベーションがあります。内発的モチベーションとは人間の好奇心や向上心に由来するモチベーションで、外発的モチベーションとは報酬や罰により人間を行動させるモチベーションです[11]。

これまで、ゲーミフィケーション・フレームワークにおける目標・可視化・ルール・ソーシャルの要素をおもに導入したことで、GD の利用者の内発的モチベーションを高める基礎的なしくみを構築してきました。しかし、人間の好奇心・向上心によって生まれる内発的モチベーションを高めるだけでは、研究を始めたばかりの学生のような、目標達成や議論自体に興味をもたない人のモチベーションを向上させることはむずかしいでしょう。そこで、外発的モチベーション

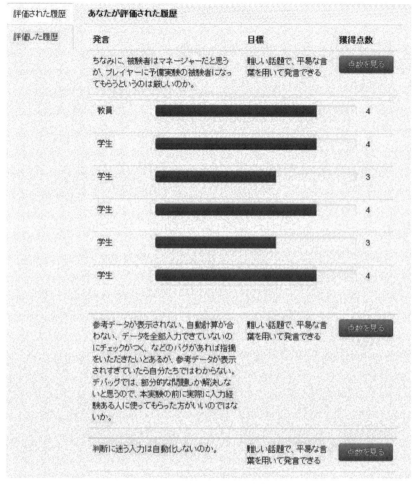

図7.11 以前の発言の評価結果の閲覧ページ

を向上させる要素を導入することにより、内発的モチベーションがまだあまり高くない学生を対象としたモチベーション向上を目指します。

　本節では、外発的モチベーションを向上させるためにGDに導入した、ゲーミフィケーション・フレームワークにおけるデザイン要素について述べたいと思います。デザイン要素は利用者の興味をひくためのシステム全体のデザインのことで、具体的には報酬要素・魅力的なユーザーインタフェース・世界観・ストー

リーなどが挙げられます。ここで魅力的なユーザーインタフェース・世界観・ストーリーは、それらを作成するための基準が曖昧であり、設計者の主観に基づく部分が多く、評価することが困難になると思われます。そのため、GD では報酬要素に着目し、さまざまな報酬要素を導入することで利用者のモチベーションを高めることを目指すことにしました。以下で、導入した報酬要素の概要および導入により期待される効果などについて述べます。

7.7.1 レベルと経験値

レベルは会議への貢献、議論能力の向上、GD の積極的な利用など、GD 全体の利用度を表す数値です。レベルを上げるためには、経験値を一定以上獲得する必要があります。経験値は以下の行動によって獲得できます。

- 発言する：30 経験値獲得
- 質の評価を獲得する：1 点あたり 10 経験値獲得
- 他者の発言を評価する：1 回あたり 1 経験値獲得

発言回数と質の被評価点というディスカッション能力に直接かかわる要素を経験値の獲得条件としています。目標達成点は、ミーティングのあいだ変動する可能性があるため、経験値を獲得するタイミングを決定することがむずかしく、経験値の獲得条件に加えていません。また、一定期間のシステム運用を経て、他者の発言を評価する割合が少しずつ減少していることがわかったため、他者の発言を評価することの重要性を高めるためにも、評価するたびに経験値を獲得できる仕様に変更しました。

レベルの初期値は 1 で、レベルは経験値の獲得によって 1 ずつ上がる正の整数です。レベルが上がるたびに次のレベルに上がるために必要な経験値が増えていくため、徐々にレベルは上がりにくくなっていきます。次のレベル N に上がるために必要な経験値 E は以下の式によって計算されます。

$$E = 5N + 50$$

図 7.12 に示すように、発言評価インタフェースのユーザー情報ビューにはつねに利用者のレベルと経験値獲得度が表示されます。これにより、経験値獲得度を表すプログレスバーが増加し、レベルが上がると結果がすぐに確認できることで、利用者のモチベーションにつながることが期待できます。また、「あと少しでレベルが上がる」という状況になれば、そのミーティング中にもう一度発言するきっ

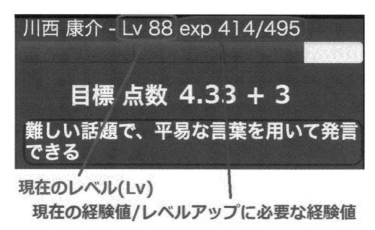

図 7.12　レベルと経験値の表示

かけになる可能性もあると思われます。

7.7.2　ランク

　GD では、発言回数・質の評価・目標達成点の 3 つを用いて総合的なディスカッション能力を算出しています。具体的には、発言の質の評価機能を導入してから約 3 カ月間のデータを比較用データとして、直近 10 回の会議における発言回数・質の被評価点・目標達成点のそれぞれを比べて、それらの偏差値を発言スコア・質スコア・目標スコアとよんでいます。直近 10 回とする理由は、それが筆者らの研究室で約 1 カ月間に行われる会議の回数であり、一時的な努力では変化しにくく、かつ長期的に見ると変化の軌跡をたどることができる程度の回数であると判断されたためです。

　発言スコアの求め方は、まず、ある会議において最も多く発言した人の発言回数を 100 点満点として、その会議における発言回数による点数を計算します。母集団である比較用データにおける発言回数による点数の平均 m は 21.6 であり、標準偏差 δ は 25.7 でした。直近 10 回の会議ごとに発言回数による点数 x を求め、比較用データと比較して偏差値を求めました。1 会議あたりの偏差値 T は以下の式で計算され、直近 10 回の会議における偏差値を平均したものが発言スコアとなります。

$$T = 10\,(x - m)\,/\,\delta + 50$$

質スコアは、1発言あたりに評価された質の合計点数から求められます。全発言の合計とした場合は、発言回数に依存したスコアとなってしまうため、1発言あたりとしています。また、会議の参加人数によって1発言あたりの質の被評価点数は変化するため、発言者・発表者・書記を除く会議参加者全員が最大の評価点数である2点を入力した場合に100点満点を獲得するものとして発言ごとに点数を計算しました。

　母集団である比較用データにおける平均 m は6.2であり、標準偏差 δ は9.9でした。直近10回の会議における全発言の点数を求め、比較用データと比較して偏差値を計算しました。発言スコアと同様に偏差値 T を求め、直近10回の会議における全発言の偏差値を平均したものが質スコアとなります。

　目標スコアは、1発言あたりに獲得した目標の評価点の平均と、その目標の難易度を掛け合わせたものを点数として求めました。母集団である比較用データにおける平均 m は35.0であり、標準偏差 δ は19.5でした。発言スコアや質スコアと同様に、直近10回の全発言における偏差値 T を求め、平均したものを目標スコアとしました。

　以上の発言スコア・質スコア・目標スコアを平均したものを総合スコアとして算出しています。

　そして、総合スコアを1〜10の10段階に分類した値をランクとしています。ランクは、前項で述べたレベルとは異なり、ディスカッション能力を直接表す数値です。総合スコアとランクの対応は表7.1のとおりです。

　ランクはディスカッション能力を基に算出されるため、レベルのように無限に上がる数値ではなく、1から10のあいだで増減します。そのため、新たに研究室に配属された学生が比較的短期間で、長期間所属している学生と同じランクに並ぶことも可能となり、レベルよりも直接的に競争意欲をもたせることができると考えられます。マイページで自分および他者のランクを確認することができるため、同年代だけでなく先輩や教員のスコアを参考にしながらランクを上げることができるで

表7.1　ランクと総合スコアの関係

ランク	総合スコア
1	42未満
2	42以上44未満
3	44以上46未満
4	46以上48未満
5	48以上50未満
6	50以上52未満
7	52以上54未満
8	54以上56未満
9	56以上58未満
10	58以上

しょう。

　ディスカッション能力が高いことによる恩恵を増やすことにより、GD 利用者の能力向上へのモチベーションを高める効果があると考えられます。ランクは、ディスカッション能力の総合スコアという厳密な値をより直感的にわかるように、10 段階に設定したゲーム用の値です。

7.7.3　ランキング

　最後はランキングです。これは、利用者同士を比較して上位の利用者を賞賛することによってモチベーションを向上させるための仕掛けです。GD に導入したランキングは 2 種類あります。

　1 つは、1 回のミーティングにおける目標達成点の高い参加者上位 3 人を、終了時に共有ディスプレイにおいて大きな文字で表示するものです。このランキング機能により、そのミーティングにおいて最も高い目標達成点を獲得した利用者が自然に賞賛されるようになっています。

　もう 1 つは、ある会議におけるディスカッション能力が大きく向上した参加者上位 3 人をマイページに表示するものです。前述のディスカッション能力のスコア計算式を利用して、ミーティング 1 回あたりのスコアを算出して、過去の 3 回分の平均と比較して上昇したか下降したかを計算し、その上昇度の大きい参加者上位 3 人を賞賛するランキングです。これは GD 参加者のがんばり度を評価するもので、ディスカッション能力の直接的な比較では上位に入賞することがむずかしい初心者をおもな対象としています。

　ランキングには、上位入賞者を喜ばせる一方で、下位の参加者のやる気を削ぐ可能性があります。そのため、参加者全員ではなく、上位 3 人のみの表示に限定しています。

　このように、ゲーミフィケーションをミーティングに応用することで、参加者が積極的にディスカッション能力を向上させることができるようにしています。

第8章 人間の能力を拡張する

　人工知能のもう一つの目標は、人間の知能に基づく活動を促進するすぐれた道具をつくることです。そのための方法は、本書で示したような、活動の詳細な記録から予測モデルをつくり、活動を改良していき、部分的に自動化を取り入れていくことです。

　例えば、外国語を話せることよりも、母国語ですぐれたプレゼンテーションやディスカッションを行うことのほうが重要ですから、プレゼンテーションやディスカッションの能力を向上させ、視聴者にはそれぞれの母国語で伝わるように人工知能が自動翻訳などを行って支援するとよいでしょう。

　これは、人間はより本質的な能力を向上させることに集中し、機械はそうでない（しかし、無視できない）部分を補完することで人間を支援する、というしくみです。

　プレゼンテーションやディスカッションそのものも機械に行わせればよいという人もいるでしょう。筆者には信じがたいですが、もしかしたら、人工知能が人間を超えて進化し、完全に人間を凌駕することもあるかもしれません。そのとき人間はどうなっているのか想像できませんが、あまり幸福な未来ではないと思います。

　しかし、今のところ人間の創造力の源が何であるかわかっていませんし、今の人工知能はデータから学ぶことしかできませんから、人間以上の発想力をもつことはないでしょう。そのため、機械がプレゼンテーションやディスカッションをしても人間以上の生産性をもたらすことはないと思われます。もちろん、人間がやったことを同じように模倣することはできますから、すでに亡くなった人の講義や講演をロボットが真似をして、人間に知識や感動をもたらすことは可能だと思います。

　とにかく、人間は今後も自分の能力を拡張するために努力を続けていく必要があります。ただし、身体能力に比べて知的能力については、努力の方向性を見失

いがちですから、機械の助けを借りたほうが効率的です。

そして、機械はデータに基づいて未来を予測するのが得意ですから、人間の努力の先に何があるのか、それが適切な努力なのかを判断することができるのです。それが間違った努力でなければ、必ずよい成果をもたらします。それによって、人間の能力が向上し、機械がさらなる付加価値を与えてくれるのです。

■ 8.1　創造活動支援

ここでは、ミーティングで得た知識に基づいて、さらなる創造活動を適切に発展させていくしくみについてお話ししたいと思います。

第 4 章の最後で述べたように、筆者らは、ミーティングでのディスカッションから重要な発言や課題を含む発言を抽出して、その後の活動に反映させるしくみを実現しました。このしくみは、発言を引用してメモやレポートを書く機能、課題の遂行に関するスケジュールを管理する機能、メモやレポートを公開してグループ内で共有する機能、グループメンバーがレポートを評価する機能によって構成されています。

筆者らは、これからの知的創造活動のほとんどはグループによって行われ、ディスカッションしながら活動が進められていく、という形になるだろうと予測しています。つまり、ディスカッションを中心としたグループ活動支援が、そのまま人間の創造活動支援につながるという考えです。

もはや一部の天才がすべてを考えるという時代ではありませんから、複数人が知恵を出し合って、発明や発見をしていくことになるでしょう。そのときに重要なのは、やはりディスカッションとその結果を記録して有効に活用するためのシステムです。

筆者らは、そのようなシステムを創造活動支援システムとよんでいます[1,2]。

創造活動支援システムは、ミーティングの直後からディスカッションの結果に基づいて、その後の活動をガイドするシステムです。とくに第 1 章で述べた課題発言の場合、ミーティング後にしばらくすると内容を忘れてしまい放置する可能性がありますので、できるだけ早急に自分の活動と結びつける必要があります。

第 4 章で述べたように、筆者らはすでに、課題発言を引用して活動計画を立案し、スケジュールに反映して適切にリマインドされる機能を実装しています。こ

の機能を創造活動支援システムに組み込み、他の機能と連動できるようにしました。創造活動を着実に行うためには、大局的な目的とそのマイルストーンとなる課題を明確にし、それを計画的に遂行するべきで、その支援システムとして定着させることを目指しています。

　仕事や研究において生じるさまざまな課題を着実に達成していくことは、決して容易なことではないでしょう。実際に、課題をどのように管理すれば成功につながるか、ということに関しては多くの仮説が存在し、それを補助するために、例えば Google カレンダー（https://calendar.google.com/calendar/）のようなスケジューリング支援アプリケーションも数多く開発されています。

　従来のスケジューリング支援アプリケーションは、いずれも計画の予定管理という点にしか着目していませんでした。立案された遂行計画がどのように処理されて、今どのような状態にあるのかを把握したうえで、次の課題への指針を立てるというような、長期的な因果関係をもつ課題の遂行に関する支援は行われてきませんでした。大学・大学院の卒業・修了研究という比較的長期の活動はいうまでもありませんが、創造活動とは一般に、細分化された個々の課題を長期の時系列で遂行していくことで実行されるものだといえるでしょう。

　そして、創造活動を課題の遂行による目標の達成、および目標の再設定とそれに付随する課題の遂行という循環的なプロセスとして考えることができます。循環的なプロセスとして有名なものは PDCA サイクルというものです。PDCA は、計画（Plan）・実行（Do）・評価（Check）・改善（Act）の英語の頭文字を並べたものです。

　PDCA サイクルは業務遂行において推奨されていますが、教育などの分野でも推奨されるようになりました。研究などの創造活動において、課題の計画・実行・評価という一連の遂行サイクルを円滑に回していくことを支援するようなしくみが必要です。それに加えて、課題遂行支援に関する従来の取り組みでは、前提としてスケジューリングする課題の存在をすべて自らで把握している必要がありましたが、筆者らの開発したしくみでは、遂行すべき課題の把握も含めた支援を実現しています。

　創造活動支援システムは、研究活動のような長期的な目標に基づいて行う活動全般を包括的に支援するプラットフォームで、一般的な業務遂行でも推奨される前述の PDCA サイクルに準拠しています。

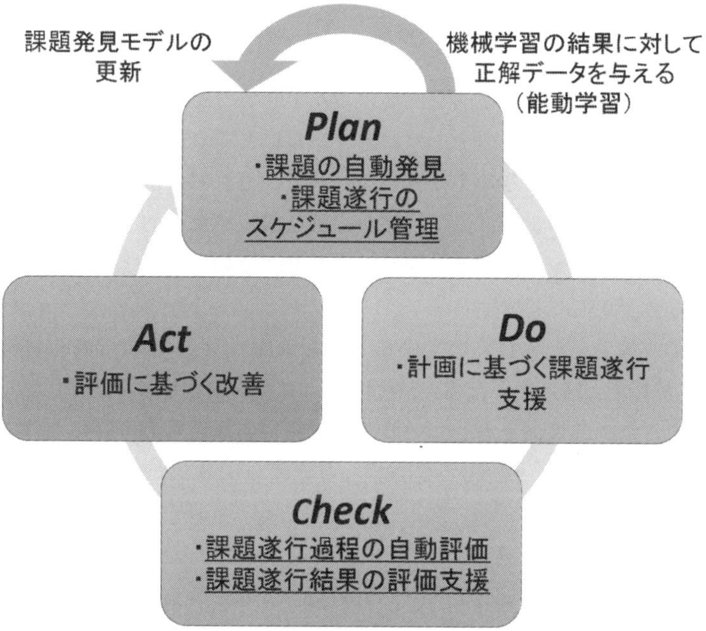

課題発見モデルの更新

機械学習の結果に対して正解データを与える（能動学習）

Plan
・課題の自動発見
・課題遂行の
スケジュール管理

Act
・評価に基づく改善

Do
・計画に基づく課題遂行支援

Check
・課題遂行過程の自動評価
・課題遂行結果の評価支援

図 8.1　課題遂行支援の流れ

　課題遂行支援の流れは図 8.1 のとおりで、下線部が現在提供されている機能です。まず課題発言発見の機械学習モデルによって選別された課題発言に対して、ユーザーが遂行計画メモを作成したあと、スケジューリングツールに登録して、その遂行予定を管理します（Plan ステップの支援機能）、そして計画された予定に従って課題を遂行し、遂行計画メモに追記された結果内容を基に他のユーザーから評価を受け（Check ステップの支援）、その後の活動の参考とします。

　創造活動の経験が少ない者にとって、課題の個数だけを把握している状態は実行に関する不確実性が高く、望ましい状態ではありません。そのため、課題の存在を認識したあとは、時間を効率的に使うために各課題の遂行計画を立てて整理するべきでしょう。そこで、第 4 章の最後で触れた、課題遂行のスケジュール管理ができるスケジューラ機能をこの支援システムに統合しました。

■ 8.2　課題の把握から評価まで

研究は知的創造活動の典型的な例といえるでしょう。多くの場合、研究ではまずテーマを決めて、次のそのテーマにおける目標とそれにかかわる課題について考えます。課題を解決するうえで重要なことは、それによって何らかの目標が達成されることです。つまり、先に目標が詳細に設定されており、その目標のどの要素がこれから遂行する課題と結びついており、その解決によって達成されるかを考慮する必要があります。

創造活動支援システムは、いわゆるマインドマップ[3,4]とよばれる目標を中心（ルート）とした木構造で、全体の活動内容（目標を細分化した部分目標）を大まかに記述するための機能を有しています。例えば、筆者らの分野における研究活動のマインドマップは、図8.2のようになります（図8.3は図8.2の中心部を拡大したもの）[5]。

そして、解決すべき課題が目標のどの部分に関連するかをマップ上で検索することができます。それによって、ただ目の前の課題を解決していくのではなく、

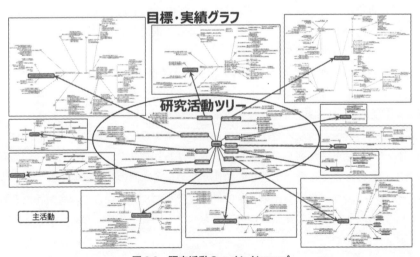

図8.2　研究活動のマインドマップ

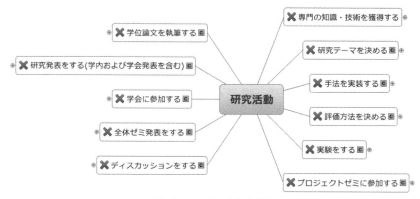

図8.3　図8.2の中心部の拡大図

目標に正しく向かっていることを確認しながら、活動を続けていくことができるようになります。

　活動を円滑に進めるためには、さしあたって解決しなければならない課題を把握することから始める必要があります。創造活動支援システムでは、図8.4のようなインタフェースを用いて、過去の議事録から機械学習モデルによって発見された課題発言を提示します。

　ここで提示される各発言は課題発言である可能性が高いと判断された発言であり、それが課題発言であるか否かはユーザーが最終的に判断しなければならないため、確定前の発言には「課題発言？」と記された青いアイコンが付与されています。このアイコンはクリック可能で、当該発言が課題発言であるとシステムにフィードバックすることができます。これは、第2章で述べた能動学習にしくみで機械学習モデルを更新して、精度を向上させることにつながります。

　課題発言の候補を参考にして達成すべき課題を決定すると、ユーザーは該当する課題発言を引用して今後の活動の関するメモ（第4章の最後でも触れた活動メモ）を作成し、そこへ課題の遂行予定・結果などの詳細について記述します。システムはこのメモを解析して、ユーザーの状態を認識します。一定時間が経過して、ユーザーが課題を完了した際に、メモにその結果を記述すると、メモの属性が「完了」となり、それに関連づけられた課題発言には完了アイコンが表示されます。それによって、どの課題が完了状態にあるのかが容易に把握できるように

過去の発表一覧

図 8.4　課題の提示と選択のためのインタフェース

なっています。

　課題を完了したあとは、それに関する活動内容を評価して達成度合いを把握し、今後の活動の糧とするべきでしょう。創造活動支援システムには、課題遂行に関するユーザーの活動の評価機能として、課題遂行メモをグループ内で公開することによって、その内容に応じた評価が受けられる機能があります。図 8.5 に示した画面例は、そのためのインタフェースで、5 つの星のどれかをクリックすることで達成程度を評価したり、ユーザーの努力を評価する（結果がよくないとしても活動の過程を評価する）ために手のアイコンをクリックしたり（これをスタンプ評価とよんでいます）することができます。

　活動内容を記述したメモは一般にはプライベートなものであり、公開することを前提とはしていません。このメモの公開機能は、自身の課題遂行結果について他者に伝えたいという意図がある場合に、他者からの評価を受ける機会を提供す

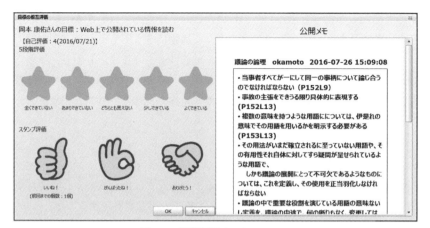

図 8.5　活動評価インタフェース

るためのもので、第 7 章で説明したゲーミフィケーションを採り入れたしくみです。

　また、創造活動支援システムは、課題発言・活動メモ・関連した目標に基づいて、活動過程を自動評価する機能を有しています。これは、前述のマップにいくつかの数値目標が設定されており、メモにはそれらの数値目標に対応した進捗状況を記述する欄が設けられています。数値目標とは、例えば関連研究を 5 件以上調査する、のようなものです。このとき、目標の何 % 程度が達成されたかをつねに表示することで、ユーザーに気づきを与えることができます。また、課題発言と活動メモの内容の関連度（第 6 章を参照）を計算することで、活動内容がそのきっかけとなった課題の内容とどの程度関連しているかを評価することができます。課題と活動が正しく結びつき、さらに数値目標を手がかりにすることで、より着実に創造活動を進めていくことができるでしょう。

　活動を俯瞰したマップに基づいて目標を確認し、PDCA サイクルを回しながら活動を続けていくことで、着実に成果が出せるようになるでしょう。ただし、マップを作成するのがきわめて困難な創造活動も存在すると思われます。スマートフォンの次にコモディティ化（生活必需品となること）する IT 製品の開発と実用化を目指すとして、どのようなマップに沿って活動すればよいのか明確にすることは困難でしょう。研究活動も、ある程度の標準的な進め方は存在しますが、

革新的な発明をしようと思ったら、他の人と同じやり方ではむずかしいかもしれません。そのうち、マップをつくれるような活動はそもそもそれほど創造的ではないのではないかという疑念が生じてくる可能性もあります。しかし、筆者らの経験からいえることは、研究を行ううえでマップやガイドライン（何をどう行うべきかという手順）は有効であり、創造性も発揮できるということです。

■ 8.3　創造性の定義と評価

　では、創造性とはどのように定義できるでしょうか。創造性のとらえ方はさまざまですが、筆者らは、創造性をアイディアを生み出し発展させることととらえ、アイディアの発展度によって創造性の程度を評価します。つまりディスカッションを経て、アイディアがどの程度、詳細化・具体化されたかを創造性の指標とします。

　アイディアはそれが生み出された時点で、何らかの価値をもっていると思われますが、それを評価するのは非常に困難ですから、ミーティングで提示してディスカッションの俎上に乗せることで、その後の発展の可能性や方向性を参加者の判断に委ねます。もちろん、参加者の経験や知識に依存することもありますから、アイディアの発案者が他の参加者の出席するミーティングで同様のアイディアを披露して、反応を比べてみるのもよいでしょう。

　アイディアが人間によって生み出された場合、それはいろいろな形で現れてきます。ミーティングにおいて、アイディアは資料や発言のなかに現れているはずです。そこで、創造活動支援システムでは、議事録からアイディアを抽出することを試みます。その後、ユーザーによって引用されることで、さらなる発展が可能になります。またその後、活動メモを作成・公開し、評価を受けることで、アイディアの価値が高まり、次のミーティングの話題にするなどして、さらに発展させることができます。

　このように、アイディアの発展過程をトレースすることで、創造性を具体的なデータで表すことができ、機械学習でモデル化することができると思われます。

　アイディアの発展は、特定の個人によって行われるとは限りません。現在のところ、アイディアの発展過程を詳細に分析できるのは、創造活動支援システムに登録された個々のユーザーの活動だけで、ディスカッションによってのみ、複数

ユーザーがアイディアの発展（発展させるべきアイディアかどうかの判断を含みます）にかかわることができます。しかし、複数の人が別々に思いついたアイディアを統合して、発展させる場合もあります。このような複数ユーザーの協調的なアイディア発展も同様に分析する必要があります。

■ 8.4　イノベーションの加速

　機械学習でアイディアの創造性が予測できるようになると、同様の問題を解決する複数のアイディアが生まれたときに、どちらを優先的に発展させるかを合理的に決定できるようになります。これは、ミーティングで複数のアイディアを提示し、ディスカッションを行ったあとに、自動抽出された発言を評価することで実行されます。

　アイディアの創造性に基づいて取捨選択を繰り返していくことで、イノベーションが加速されると思われます。イノベーションは、創造活動を社会に影響を与えられるレベルまで発展させないと実現できませんが、どのアイディアを優先的に発展させるかを考慮しながら行うことで、創造活動をより効率よく実行することができるでしょう。

　これからは、ごく少数の天才的なアイディアからイノベーションが生まれる時代ではなく、複数の人間によるディスカッションから、将来イノベーションを起こせるようなアイディアの原石が生まれ、それを注意深く発展させ人間社会に浸透させていくことで、いつか本当にイノベーションが実現される、と筆者は考えています。人間は、人工知能の支援を受けることで、より創造的になれるでしょう。創造性そのものを人工知能に委ねることができるかどうかは意見がわかれるところだと思いますが、人工知能は人間があまり得意ではないところ（大量の情報のなかから優先度の高いものを発見する、など）を担当し、さまざまな局面で人間を助けていくことになるでしょう。

　人間がやるべきことは、まずディスカッションをしっかり記録して、分析可能にすることです。その後、目標・課題・計画に基づいて創造活動を行い、その経緯もできるだけ詳細に記録に残します。活動の記録は、それを習慣にしている人（毎日日記を書いている人など）でないと、大変面倒に感じられると思いますが、自分の活動をより有意義で創造的なものにしようとするのでしたら、そのやり方

に適応していくのがよいでしょう。

　Facebook のようなソーシャルネットワーキングサービス（SNS）やインスタグラム（ポラロイドカメラのようなインスタントカメラにちなんで命名されたそうです）のような写真共有サービスで、日常的な活動やその成果を友人などに知らせるのと同じような感覚で、創造活動の経緯やその成果をシステムに入力していき、他者の活動にも注意を払っていくのがよいと思います。

　筆者らの研究室では、創造活動支援システムに1日1回はログインして、その日の活動について確認したり、他者が公開している情報に目を通したり、忘れないうちにやったことを記述するようにしています。図8.6 にシステムにログインした状態のトップページを示します。このページから、自分や他者の課題とその状況をチェックし、その詳細を閲覧することができます。また、第1章で述べたディスカッションブラウザや、第7章で説明した GD のマイページ（自分のディスカッション能力の詳細確認ページ）などにリンクされており、ミーティングでの自分のようすや自分の現状などを詳しく知ることができます。

　筆者らは、ミーティングやそれ以降の活動を詳細に記録・分析することで、将来のイノベーションにつながるような創造的なアイディアを発見し、それを効率よく発展させるためのシステムを開発しています。今後は、大規模にデータを収

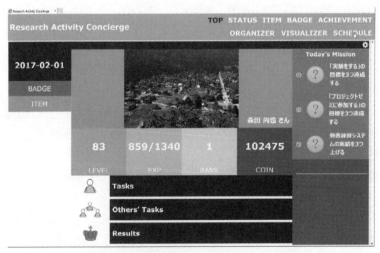

図8.6　創造活動支援システムのトップページ

集し、機械学習モデルを構築して運用することで、本研究の真の価値を明らかにしていく予定です。

■ 8.5　人間の能力の拡張

　人間の能力を拡張していくために考えるべきことは、人間の能力で機械に置き換えられないものは何かということだと思います。これまで自動化が非常に困難であったものが、その現象を計測したデータを大量に収集して分析することで、少しずつ実現可能になってきています。人間の知的創造活動を機械に代行させることは適切ではない、というのが本書のスタンスですが、それでも、いつか人間が知的活動の多くの部分を人工知能に委ねてしまうのではないかと思っています。例えば、小説を執筆したり、作曲したり、ドラマの脚本を書いたり、製品のデザインをしたり、医療診断をしたり、会社の経営戦略を決定したり、などです。

　もちろん、最初はあまりよい結果は出せないかもしれませんが、評価のしくみをちゃんと用意していれば、つねにフィードバックを行い機械学習モデルを更新していくことで、それなりの精度を出せるようになるかもしれません。人間が着目していた特徴（あるいは、伝統的に受け継がれてきた教訓）が適切だったのかどうかについて、科学的な根拠が得られるようになると思います。

　しかし、それでも人間はこれからも知的創造活動を続けていくべきでしょう。それは、現在の人工知能がデータから学ぶしくみになっているからです。創造活動のデータは、人間ががんばればいくらでも新しくつくれるでしょう。しかし、人工知能がつねに過去のデータに基づいている限り、そのつくり出すものは同じようなものの繰り返しになると思われます。人間はつねに新しいものを求めています。それゆえに新しいものをつくり出せるのでしょう。ただし、温故知新という言葉もありますから、分野によっては、過去のデータをよく分析すれば新しいものを生み出せる可能性がありますが、創造活動には過去のデータから得られるもの以上のものがあると、筆者は考えています。

　機械学習のモデルと人間の脳のしくみはじつはかなりちがいます。機械学習（とくにディープラーニング）が利用しているニューラルネットワークは、もともと人間の脳を参考につくられていますが、その時点でわかっていた脳のしくみと現在わかっていることのあいだには少なからず乖離があります。脳がニューロン

とよばれるユニットのネットワークで構成されているという点では、機械学習のモデルと類似していますが、その入出力の関係は大きく異なります。機械学習におけるニューラルネットワークの各層のあいだの関係は、とくに意味をもっていません。それはパラメータを計算するために非線形関数を規定しているだけです。人間の脳のニューロンは、つねに予測値を出力しているといわれています[6]。これは、ある状態の信号を受け取ると、時間的にあとの状態の信号を出力するということです。例えば、歌を聞いているとき、ニューロンは次の音を予測しています。また、階段を降りるとき、ニューロンは足がいつ次の段に触れるかを予測しています。ボールを相手に投げたとき、ニューロンはボールが相手のほうに近づいていくことを予測しています。もちろん、ニューロンがとらえているのは、現象を分散表現（ベクトル表現）で表したときの、1つの要素のみですが、それでもその要素の次の状態を予測しているのです。また、予測には文脈の情報を用いるのですが、それについては説明が少々複雑なので、ここでは省略します。

ちなみに、人間の視覚で有名な現象に錯視（目の錯覚）というのがあります（長さの同じ線がちがう長さに見える、平行の線が曲がって見える、など）。この現象は、人間の脳がつねに予測を行っていて、最初は予測されたように認識していますが、補助線を引くなどの何らかの操作をしているうちに予測が間違っていることがわかって正しく見えてくる、というものだと思われます。存在するはずのないものが見えたり、聞こえるはずのない音（マイクロフォンでは検知できない）が聞こえたりするのは、このような脳の働きによるものでしょう。しかし、当然、悪いことばかりではなく、この脳の予測のしくみによって、認識は加速され行動とのバランスがとれるようになっています。

とにかく筆者の言いたいことは、今のところ人工知能と人間の脳のしくみは異なるということです。ですから、創造性の現れ方も異なるのです。人間の創造活動を、機械を用いて完全に自動化することは今のところできませんが、お互いの特性をうまく活かしてより高度で効率的なものにすることはできます。それが、本書でいうところの「人間の能力の拡張（augmentation of human abilities）」です。

人工知能を前提にした人間の能力の拡張は、人間と機械が適切に役割分担され、お互いが密接にかかわることで、人間が単独で行うよりも大きな成果を出せる、あるいは単独では解決困難な問題を解決できるようにするものです。解決困難な

問題とは、単に解くのがむずかしいということだけではなく、時間に余裕があればできることでも、制限された時間内にはなかなか解けないような問題を含みます。例えば、今自分が歩いていく道を数秒以内に決めないといけないような問題です。

　そのためには、人間は自らの行動の意図（目標）と今の状態を、機械に適切に伝達しなければなりません。検索エンジンで世界を席巻した Google の創業者の一人が、「検索とは、人間のやりたいこと、興味のあることを、機械に伝達する行為だ」という意味のことを言ったそうですが、今の時代を生きる私たちは、何か気になることがあると、すぐに PC やスマートフォンを使ってネット検索（Web の検索エンジンにキーワードを入力）するようになってしまいました。筆者はそれを悪いことだとは思いませんが、調べるという行為で完結してしまうのでは創造活動とはいえませんので、検索した結果をその後の活動に活かし、その結果をまた機械に伝達するような習慣ができるとよいと思っています。

　自分の意図を伝達する行為が日常的な検索だとしても、自分の今の状態をやはり機械に伝達しなければなりません。それは、人間の意図がわかっても、その人間の今の状態がわからないと、機械は人間がやるべきことをうまく予測できないからです。例えば、地図上で道順を考えるときは、目的地だけでは不十分で、現在位置（あるいは出発地）も知る必要があります。人間の今の状態を機械が知る方法は、いろいろあります。その１つのやり方は、第４章で説明した画像認識や音声認識などのパターン認識です。そのほかに、過去の履歴を使って現在の状態を推定するやり方があります。パターン認識も履歴からの推定も現在の人工知能の得意分野です。それはどちらも機械学習が有効に機能する問題だからです。

　とくにパターン認識は実世界（私たちの生きている物理的世界）の情報を処理します。そのために、センサーとよばれる装置（カメラやマイクロフォンもその一種）を利用します。そして当然ながら、センサーが増えれば使える情報（入力）も多様になってきます。筆者らが現在注目しているセンサーは、３次元センサーとバイオセンサー（生体信号を検出するセンサー）です。３次元センサーは、人間の周囲の物理的空間を機械がより詳しく知るために使われ、バイオセンサーは、人間の内的な状態（疲れているとか、気分がよい、など）を機械が知るために利用されます。

　また、人間が見ているもの、聞いている音、話している声なども機械は認識で

きるようになるでしょう。このような多種多様なデータ（それをマルチモーダルデータとよびます）を処理することで、機械が人間の置かれた状態をよりよく理解できるようになります。そして、人間の意図と状態がわかったとき、人工知能は人間の次の行動を予測してアドバイスをするでしょう。

　人間がそのアドバイスに従うにせよそうでないにせよ、おそらく、人間のできることは今より多くなるでしょう。それは、人間は自分の状態（とくに内的状態）を客観的にモニターするのが得意ではなく、他者に言われて初めて意識することが多いからです。目覚めて間もない状態では、何かを覚えようとしてもうまくかないように、人間は状態によってうまくできることとできないことがあります。今の状態で最もうまくいく行動を選択していくことで、人間は時間の使い方が格段にうまくなるでしょう。それはまさに、人間の能力が拡張されていくことを意味しています。

　プレゼンテーションやディスカッションのような特定のスキルの上達に人工知能が役に立つのと同様に、さまざまな創造活動のスキルが人工知能の支援によって適切に向上するでしょう。筆者らには、すべての能力に関してその有効性を確認することはできませんが、人間がこれからやるべきことについては、おおよそ見当がついています。人間は今後も創造活動を続けていき、新しいものをつくり続けること、そして、人工知能を道具としてうまく使うこと、そのために人間はできるだけ多くのデータを人工知能に与えられるように工夫することです。

第9章 おわりに ──人間と人工知能の共生

　最後の章では、今後、人工知能がどのように発展して人間を支えていくか、また人間と機械はどのように共生して新しい社会をつくっていくかについて、お話ししたいと思います。

　第8章で述べたように、人間は自分の能力を適切に伸ばしていき、機械はそれに新しい機能を付加してくれます。機械が得意なのは、大量なデータからの検索とデータに基づく予測ですから、人間の記憶や判断を補ってくれるでしょう。

　これまでの説明では、人工知能はどちらかというと裏方に徹していて、とくに自己主張はしないのですが、そうではない人工知能の在り方も考えられます。これは、機械が人間から離れて、自律的に行動する場合を含みます。例えば、人間のドライバーが乗っていない自動運転車などです。しかし、厳密には人間のコントロールが及ぶようになっていて、遠隔操作で人工知能に指示を出せるようになっているでしょう。機械が自律的に行動するのは、人間の指示が間に合わなかったり、そもそも人間の能力では指示が出せなかったりする場合になるでしょう。

　そのような自律的な人工知能は危険な存在になってしまう可能性があります。ただし、それは SF で語られるような、人工知能の反乱ではありません。私の考えでは、人工知能の反乱（に見えるような出来事）は人間のミス（あるいは怠慢）によって起こることがほとんどで防止することができると思います。つまり、人工知能が自らの判断（データから獲得した予測）によって人間に直接的に害を与えることはないと思っています。例えば、自動運転車による死亡事故など、人工知能の判断が原因で人が亡くなるケースはまったくないとは言い切れませんが、それは人工知能が人間を殺す目的で行動するのではなく、自らの行動によって起こることのすべてを予測することが不可能なために、不幸な偶然によって生じてしまうことだと思います。

　真の危険性は、人間が人工知能に依存して、自らの能力の向上のための努力を怠ってしまうことです。ゆとり教育によって日本人の基礎学力が低下した、とい

う話はよく聞きますが、じつは、スマートフォンに代表される IT デバイスやアプリケーションが、多くの子供に根拠のない万能感（例えば、自分で学習しなくてもどんな知識も検索すれば見つかるだろう、という感覚）を与えてしまい、学習に対する努力を自らの判断で放棄するようになったのがおもな原因ではないかと思っています。その結果、非常に順応性の低い、人間としての基本的な能力が欠落した若者が増えてしまったのではないかと思います。

ちなみに、ゆとり教育が正しい教育政策ではなかったのはおそらく間違いないと思いますが、最大の弊害は、ゆとり教育を受けた本人が自らの能力の向上を放棄した理由をその政策に帰着させてしまう点だと思います。

とにかく、本書で主張したいことは、人間は今後も努力を続けなければ新しい社会に適応できないということ、そして人工知能はそれを適切に支援する能力をもちつつあるということです。そこに、人間と機械の新しい共生の在り方を見いだすことができます。

■ 9.1. エージェント

人間に対して能動的に働きかけてくる人工知能システムをエージェントとよびます。エージェントは、自らの目標に基づいて主体的に行動することができます。そのため、人間にとっては、何らかの人格をもったシステムとして感じられると思います。しかし、その人格は自然発生したものではなく、人間の振る舞いをまねるようにつくられているだけで、擬似人格とよべるようなものです。自意識を発生させるようなしくみは明らかになっていませんので、それらしく見えるようにつくることしかできないのです。それでも、人間にエージェントが人格をもった存在と認識するように仕向けることには大きな意味があります。

それは、人間が一般的な機械に接するのとは異なる接し方をしてくれるからです。例えば、話しかけるという接し方です。第4章でミーティングレコーダーに搭載された音声認識機能の説明をしましたが、これは人間同士が話をしているのを人工知能が聞いていて、その議事録を作成するという目的のためのものでした。それはもちろん重要な機能ですが、エージェントとは異なり、人間に主体的に働きかけてくるようなものではありませんでした。エージェントは人間に何らかの反応を返すために、人間の言葉に耳を傾けます。つまり、エージェントにとって、

人間のほうから話しかけてくれることはとてもありがたいことなのです。

そのようなシステムの典型的な例はチャットボットとよばれるものでしょう。これは、ネット上に存在する、文字による対話システムで、Twitter や LINE のようなショートメッセージを送り合うしくみのうえで機能します。その場合、人間同士がチャットしているときに割り込んできたり、不特定多数に向けてメッセージを配信したりします。人間を騙そうという意図をもって稼働しているものもありますし、人間の言葉を理解するためのデータ収集という目的をもっているものもあります。しかし、今のところ、多くの人間をうまく騙せるほどに賢いチャットボットは存在しないようです。

チャットボットの先祖とよべるシステムに、ELIZA があります[1]。ELIZA は Joseph Weizenbaum という人が 1966 年につくったシステムで、カウンセラーのような役で人間と対話します。例えば、人間が「頭が痛い」と言えば、ELIZA は「なぜ、頭が痛いとおっしゃるのですか?」などと返し、「母は私を嫌っている」と言えば「あなたの家族で他にあなたを嫌っている人はいますか?」などと返します。ELIZA は精神医学的インタビューにおける精神療法医の反応を模しているそうです。Weizenbaum が精神療法を選んだのは実世界の知識に関するデータをシステムにもたせる問題を避けるためで、精神療法という状況は人間同士の対話でありながら、その対話内容に関する知識をほとんど必要としないという特徴があったためだそうです。例えば「好きな作曲家は誰か?」という質問がなされても「あなた自身の好きな作曲家は?」とか「その質問は重要ですか?」などと返すことができ、作曲家に関する知識を必要としていないからだそうです。

チャットボットは暇つぶしの相手としてはよくても、人間の能力を拡張するには十分ではありませんので、より具体的な知能をもたせる必要があります。そのようなシステムの例として、筆者らが以前に作成した音声対話ロボットがあります[2]。このロボットは図 9.1 のように、顔があり人間の話しかけに応じてさまざまな返答をします。場合によっては、近くにあるディスプレイに画像や映像を表示して、それを参照しながら声で説明してくれます。これは 2000 年につくられたもので、その当時は、機械学習のしくみは実装されていませんでした。そのため、回答できる質問の種類はかなり限定されていました。つまり、人間と対話をしながら言葉や知識を学んでいくことはできなかったのです。

一方、最近、非常に注目を集めているエージェント的システムにスマートス

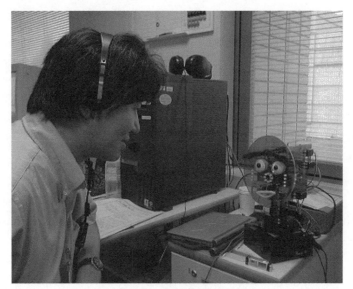

図9.1　音声対話ロボット

ピーカーというものがあります。Amazonが2014年に発売したAmazon Echoという製品を皮切りに、GoogleがGoogle Homeを2017年に発売し、AppleがHomePodを2018年に発売する予定です。図9.2にそれぞれの製品の外観を示します。

　これは、部屋のどこかに置いておくと、人間のよびかけに応じて情報検索をしたり、照明や空調などの家電を操作したりします。また、音楽を再生するためのシステムなので、好きな曲をリクエストすると再生してくれます。スマートフォンもPCも、直接触れることで操作していましたから、声で操作できることで機械との距離が少し自由になります。もちろん、家電をリモートコントロールするしくみは以前からありましたが、そのための機械（リモコン）を使う必要がありました。声は道具を使わずに発信できますから、いくつかの明確なメリットがあります。それは例えば、機械を操作するための手順を覚える必要がなく、操作する目的のみに注意を払うことができる点です。つまり、「○○を知りたい」「○○して」「○○って何？」のような要求を直接入力にすることができます。

　このようなことは、音声認識の研究者がかなり以前から主張していたことです

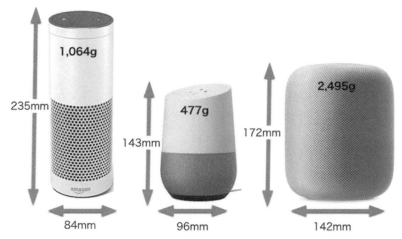

図9.2 スマートスピーカー（左から、Amazon Echo、Google Home、HomePod）

が、ようやくそれが現実のものになりつつあるということです。エージェントにとって人間と対話するというのはとても重要な機能ですから、音声対話技術の発展に伴ってエージェントがより高度なものになるのは必然的なことだといえます。

　ところで、前述の音声対話ロボットと、最近のスマートスピーカーの最大のちがいは、顔があるかないかということだけではありません。それは、知能を実現するシステムが、目の前にある機械の中にあるか、それ以外のところにあるか、ということです。インターネット上で特定のサービスをするしくみをクラウドといいますが、スマートスピーカーにとって、知能の本体はこのクラウドにあります。クラウドに知能が実装されていることの利点は、機械学習に有利なことです。これまでにも述べましたが、機械学習にとってほとんどの場合、データはできるだけ多いほうが有利です。クラウドはさまざまな機械とつながることができますから、入ってくるデータは、単独の機械よりはるかに多くなります。

　人工知能を実現するのに、クラウドほど適切な場所はないのですが、それによる弊害もいくつかあります。それは、人間の生の声（場合によっては、その周囲の映像データを含む）がクラウドに送信されてしまうことです。学習のためには、実世界の信号そのものを入力にしたほうがよいのですが、当然ながら、それでは困る場合があります。

個人にはプライバシーがあります。プライバシーというのは複雑な概念ですが、要するに、個人の私生活に関する情報を公開されない自由、および個人の活動に対して他者の干渉を受けない自由のことだといえます。しかし、意図せずにプライバシーに関する情報が外部に漏洩してしまうことがあります。それが、例えばSNSなどに投稿した情報の公開範囲を間違って設定したために起こったことなど、本人のミスによるものでしたら受け入れるしかないのですが、必ずしも本人の責任とはいえない場合も多く発生するようになってきました。その多くがクラウドによるものです。

　スマートスピーカーが問題なのは、普段話している会話の一部がクラウドに送信されてしまうことです。それは学習用のデータとして使われるのですが、それ以外の用途に使うことも可能でしょう。例えば、そのユーザーの日常の行動や生活水準を推定するための手がかりにすることです。犯罪者を特定するための証拠として使われることもあり得ます。実際Amazonに対して、Amazon Echoによって得られたあるユーザーの声のデータをアメリカの裁判所が証拠として提出するように要求した事例がありました（もっとも、Amazonはその要求を拒絶しましたが）。

　この問題は、技術の進歩によって生まれた新しい問題で、これからもこれに類似した問題が発生すると思われます。2013年にEdward Snowdenがアメリカ政府による個人情報収集の実態を告発した、いわゆる「スノーデン事件」のように、国家が治安維持を目的として個人情報を収集して分析するということは、その是非はともかく十分にあり得る話だと思います。筆者自身は、SNSを使わないようにして、不必要に個人情報を公開しないようにしていますが、それでも何らかのトラブルに巻き込まれて個人情報が不当に晒されるようなことを防ぐのは困難だと思っています。ちなみに、プライバシーとテクノロジーの関係に関して、Ann Cavoukianという人がPrivacy by Designというコンセプト[3]を提唱していて、情報システムの設計と運用において個人情報をその個人がコントロールする（公開範囲や用途の制限などを行う）しくみを取り入れるべきと主張しています。

　クラウドを使うときは、何らかの処理をして個人情報が漏れないように配慮してデータを送信するというやり方が考えられます。その場合、知能のしくみは、ユーザーが直接利用する機械とクラウドに分散されます。つまり、個人の使う機械にも、ある程度の知能をもたせるということです。このような考え方を、エッ

ジ・インテリジェンスといいます。エッジとはネットワークの末端のことを指します。それには、少ないデータでも、ある程度の機械学習ができなければなりません。それには、ディープラーニングのしくみは必ずしも有効ではありませんが、第2章で説明したようなロジスティック回帰分析や能動学習などのしくみは有効に機能するでしょう。

　筆者らは、エージェントをエッジ・インテリジェンスの考え方に基づいて実装していくことで、十分に知的でまたプライバシー保護も可能なパーソナルアシスタントシステムが実現できると考えています。しかしエージェントは、人間のやるべき仕事を手伝ってはくれますが、肩代わりしてくれるわけではありません。部分的な仕事を担当してくれる可能性はありますが、すべてを任せることはできないでしょう。エージェントは自律的なシステムですが、自己完結したシステムではないからです。エージェントは、あくまで人間の支援システムとして設計され、人間の管理下で稼働するようなものである必要があります。それは、エージェントが人間と共生するために不可欠な要件です。

■ 9.2　シンギュラリティ

　人工知能の発展の先にあるものとして、シンギュラリティあるいは技術的特異点とよばれる現象について議論されるようになってきました[4]。現在の人工知能は、人間と同等の知能をもっているということはできませんが、ディープラーニングのような技術とクラウドによるデータの大規模な集積によって、その進歩が加速していることは間違いがないでしょう。いずれ人工知能が人間の知能を凌駕し、技術的な進歩を牽引するようになると、人間の思考の速度では何がどうなっているのか理解できないほどの急速で大きな変化がもたらされるだろうと予測されています。これがシンギュラリティとよばれる現象（正確にはその現象が起こる時点）ですが、筆者にはこれが正しい予測なのかどうかわかりません。また、シンギュラリティを人工知能の人間に対する反抗の前兆と捉えるのは、あまり適切な考え方ではないと思います。

　筆者は、テクノロジーの進歩によって、人間の生活の在り方が変化するのは当然だと思っていますし、現在はIT、とくにインターネットに強く依存した社会だと思っています。また、人工知能がより高度なものになるのは間違いないと思っ

ていますし、ある領域（わかりやすい例としては、将棋や囲碁などのゲーム）では、人間よりはるかにすぐれた能力をもつことになると思っています。しかし、それでも、人工知能があらゆる側面で人間を凌駕する全能な存在になるとは思えません。もちろん、肉体をもたないほうが有利なことはありますから（例えば、死なないとか、疲れないとか）、電子的な存在である人工知能が明らかに有利な部分はあります。自己増殖のようなことは十分に考えられます。しかし、自律的な進化が起こって自意識でも芽生えない限り、人工知能の設計者である人間のコントロールを離れて人間を脅かす存在になるとはとても思えないのです。

　もしそのようなことが起こったとしたら、人間の行った設計が間違っていたことになります。また自律進化の可能性については、断言はできませんが、そのしくみは人間には理解できず、結局実装できないのではないかと思います。たまたま行った行為が適切であったため同じような行為を繰り返し行う、というのはもちろんあり得ますが、そのような行動の学習と自意識が発生することは連続的なものではないと思います。

　人間による設計が間違っていたのならば、それは人間によって修正されるべきです。つまり、人工知能を実現してもそれを修正するしくみを同時に実現して、あらかじめ組み込んでおけばよいわけです。ひとたび学習が始まったら、途中で止めたりやり直したりするのは非常に困難になると予測している人がいますが、筆者はそんなことはないと思っています。人間も人工知能の進化に伴って賢くなっていくはずで、人工知能を適切に停止させる方法はそれを設計した人間には実装できると思うからです。

　人工知能がどんどん賢くなって人間はそれについていけなくなる、という予測は人間の努力の可能性を無視しているようで、その是非はともかく筆者には同意できません。一部の人や一部の能力に関して追い抜かれるのはやむを得ないと思いますが、人工知能が人間の能力の拡張を支援し続けるという役割をもち続けるように、注意深く管理していけば、決して人工知能が人間に敵対することはないと思っています。

■ 9.3　人間と人工知能の共生

　J. C. R. Licklider という人の有名な論文に、Man-Computer Symbiosis（人間と

コンピュータの共生）というものがあります[5]。その論文にも書かれているように、共生とは「異なる2種類の生物が親密に関連し、あるいは密接に結合し、協力して生きること」（"living together in intimate association, or even close union, of two dissimilar organisms" is called symbiosis）と定義されています。この論文では「近い将来に人間の脳とコンピュータが緊密に結合し、その結果得られた共生関係によって、これまでいかなる人間の脳にもなされなかった思考を行い、現在知られているどのような情報処理システムにも試みられていない方法でデータを処理することが期待されている」と述べられています。これは、人間の脳とコンピュータを直接つなげるような形態も考えられますが、筆者が「人間と人工知能の共生」とよんでいるものは、人間とコンピュータが物理的に結合されるような形態ではなく、両者の感覚と言語能力で結びついているような形態を想定しています。

　そのようなやり方を想定している理由は、筆者が分離可能性とよんでいる性質と関係があります。分離可能性とは、人間と機械が協力して仕事をする状況で、もし何らかの理由でその機械が機能しなくなっても、人間の負担が増えることを許容すればその仕事が依然として実行可能かどうかに関する性質で、もし人間が、機械が停止してもその仕事を実行できる場合、人間は機械と分離可能であるといいます。現在では、少なくとも検索という仕事に関して、人間はコンピュータと分離可能ではなくなってしまったように思われます。人間がエージェントと対話しながら仕事をしていく場合、もしエージェントが機能しなくなっても、人間にはまだ自力で（道具を利用するとしても）仕事をすることが可能だと思われます。それは、人間が思考の一部をエージェントに肩代わりしてもらっていたとしても、その思考は（負担が大きいとしても）人間にとって不可能なことではないからです。その場合、人間はエージェントを頼りにはしていますが、一方的に依存している関係ではないということです。

　人間の脳とコンピュータを直結してしまったら、人間とコンピュータを分離するのはかなり困難になってしまうでしょう。筆者は、人間とエージェントの共同作業は、その情報伝達のやり方も含めて、人間同士の共同作業にとても似ているものであるべきだと思っています。あるいは、時には人間が学習者で、エージェントが教師になるような関係がよいと思っています。そして、ひととおり学習を終えた人間が、エージェントの手助けや指導がなくてもその仕事ができるように

なっているべきだと思います。

　心理学の用語で、スキャフォールディングというものがあります。これは、一人では達成できなかった課題を達成できるレベルにまで学習者を引き上げる道具あるいは他者からの働きかけのことです。そして、特定の仕事ができるようになった際には、たとえその支援がなくても実行できるようになることを目指して教育を行うことも意味しています。筆者は、エージェントがスキャフォールディングの考え方に基づいて人間を支援していくことで、人間がエージェントと分離可能になれることを期待しています。ただし、エージェントがつねに人間にとって教師の立場になれるわけではありません。特定の仕事に関して人間よりエージェントのほうがうまくできる場合に、そのうまくできるこつが自然にわかるような支援ができれば、いずれ人間が、エージェントほどうまくはなくても、その仕事がそれなりにできるようになるのではないかと思います。

　さて、前述の論文には次のようなことも述べられています。

　「現実には、人間が、いずれ直面すると思われる問題を事前にすべて見通すことは、非常に困難である。そのような問題は人間とコンピュータが協力して直感に基づく試行錯誤を行い、推論上の欠陥を発見し、当初には予測できなかった新たな展開を見いだすことによって、現状より容易に、より早く解決されるだろう。一方、コンピュータの助けがなければまったく整理すらできない問題もある。（中略）問題は『何が答か』ではない。『何が問題か』である。人間とコンピュータの共生の大きな目標の一つは、コンピュータが技術的問題を明確にするという役割を効果的に果たすようにすることだ。」

　つまり、現実において頻繁に直面する先が読めない問題を解決するために、人間とコンピュータが協力して試行錯誤を行うことで、問題はより早く解決されるだろうということです。ここで、人間とコンピュータによる試行錯誤とは、人間が考えた仮説をコンピュータが検証するというプロセスを繰り返すということです。これは「コンピュータが問題を解決する作業」であると同時に「人間が問題を理解するための作業」でもあります。この状況は、人間とコンピュータの共生関係が成立している1つの例だといえます。

　筆者の考える人間と人工知能（エージェント）の共生関係も、この考え方に似ています。できるだけ分離可能で、人間が一方的に人工知能に依存するような関係にならないようにして、人間と人工知能は共生していくべきでしょう。

■ 9.4 日常のモノに潜むエージェント

　最後に、日常生活において人間とエージェントが共生するような例を示したいと思います。筆者らが、1995 年に開発したシステムに、Ubiquitous Talker というものがあります[6]。これは、日常的なものをエージェント化して、人間と対話できるようにするというコンセプトでつくられています。Ubiquitous という言葉は最近はあまり使われなくなりましたが、Ubiquitous Computing という概念（Mark Weiser という人が 1988 年に提唱した、コンピュータが遍在して協調することで人間の環境が拡張されるという考え[7]）にちなんでいます。図 9.3 にこのシステムを使っているようすを示します。

　この図で、手に持っている機械（現在ならばスマートフォンでしょう）をモノにかざすと、そのモノと音声で対話ができるようになっています。これをつくった当時は、クラウドの概念はありませんでしたので、エージェントの知能はユーザーの使用する機械の側に実装されていました。現在でしたら、機械学習（とくにディープラーニング）のしくみを取り入れるために、クラウドと通信しながら、人間と対話をすることになるでしょう。

図 9.3　Ubiquitous Talker

最近では、モノのインターネット（Internet of Things; IoT）という言葉も使われるようになりました。これは、およそ電気で稼働するすべてのモノに、インターネットと接続する機能を実装して、クラウドと連携させようとする考えです。一つの特徴としては、モノ自身はユーザーと情報のやり取りをするしくみをもたない場合があるということです。その場合、ユーザーは、スマートフォンなどでクラウドにアクセスすることで、IoT からのサービスを受けることができます。筆者は、IoT がもつべき重要な機能は、人間と直接やり取りをすることよりも、人間を取り巻く環境に関するデータを収集・分析して、人間にとって有益な情報を発見することだと思っています。おそらくこのときの学習のためにクラウドと連携する必要があるでしょう。

　IoT の一つの例は、スマート電球とよばれるものです。これは、天井などに設置した照明の LED 電球１つ１つがインターネット（あるいは建物内に限定したイントラネット）に接続する機能をもっていて、スマートフォンや PC を使って明るさや色を自由に変えることができるというものです。現在のスマート電球にはまだ備わっていない機能ですが、いずれ電球の近くに人がいるかどうか、その人は今何をしているか、どのような環境が望ましいか、などを考慮して、さらに周囲の他の照明やクラウドと連携して、能動的に周囲の人間に適した照明環境をつくり出すことになるでしょう。

　前述のスマートスピーカーも IoT の一種といえます。IoT が人間と音声でやり取りできるようになれば、筆者らが以前に提案した Ubiquitous Talker をより実用性の高いものとして実現できるでしょう。それは、人間と人工知能の共生をさらに一歩前進させることになります。例えば、工作をやりたいときに道具の使い方がよくわからない場合は、その道具あるいはその道具と一緒に使う機械に問いかけます。そのとき自分の技量のレベルがデータ化されていれば、そのデータを道具が参照できるようにします。そうすると、その道具に潜むエージェントがその使い方をわかりやすくガイドしてくれるでしょう。もしガイドがうまくいかないときは、人間がエージェントに「もっとこういうことが知りたい」と要望を告げるでしょう。それはエージェントにとってとても有益な情報です。おそらくエージェントの学習モデルを更新する教師信号に変換されるでしょう。

　そして、本書で繰り返し述べてきたプレゼンテーションやディスカッションのような、人間にとって非常に重要な知的活動に関しても、人間と人工知能の共生

が実現できます。その場合は、プレゼンテーションやディスカッションの場に、エージェントが登場します。そのエージェントは、プレゼンテーションやディスカッションの評価を行ってフィードバックしたり、音声認識をして議事録を作成したりするでしょう。また、場合によっては、人間の創造力を刺激するような発言をしてくれるかもしれません。そのときは、エージェントも人間と一緒に知的創造活動に参加しているといえるでしょう。第7章で述べたゲーミフィケーションにエージェントも参加するようになったとしたら、他の参加者からの評価を受けて、よりよい発言ができるようになるかもしれませんし、いつかディスカッション初心者のための優秀なトレーナーになってくれるかもしれません。

　人間と人工知能の共生関係が、シンギュラリティの到来あるいは現在よりはるかに高度な人工知能の出現によって、どのように変貌を遂げるのか、筆者には予測がつきません。お互いの能力がより高くなった状態で、より高度な共生関係に発展しているのか、人間が人工知能より劣った存在として一方的な従属関係になってしまっているのかわかりません。自分では前者であると信じて、これからも研究を続けていこうと思っています。

あとがき

　本書は、私が名古屋大学に職場を移した2001年から現在に至るまで、研究室の仲間たちと一緒に行ってきた研究の内容をまとめたものです。

　お世話になった人たち全員の名前をここに書いていきたいですが、あまりに多すぎるので、あえて書かずに、心のなかで感謝の気持ちを伝えたいと思います。

　ディスカッションマイニングという研究を始めた理由は、研究室のセミナーにおいて、私が学生たちに何度も同じことを言うのが嫌だったからです。すべてを記録して、いつでも閲覧できるようにすれば、「過去のセミナーで私が君に言ったことを検索してみなさい」と言えば済みます。こう書くと、実に自分勝手な理由だと思われるかもしれませんが、記録したデータが、学生たちが卒業したあとに学生時代を思い出す重要な資料になるとよいと思っています。私自身は、学生時代に先生から言われたことをほとんどまったく覚えていません。情けないことですが、そのときの研究内容は覚えているのですが、先生からどんな指導を受けていたのか忘れてしまったのです。人間の記憶は弱いものですが、データ化された記録は強いものです。だから、私が教員として学生に話すことをすべて記録したいと思ったのです。

　また、本書の重要なテーマである人工知能の研究は学生時代から続けていますが、機械の知能があらゆる面で人間の知能を凌駕する日が来る、ということを信じることができないでいます。人間が機械に負けるなんてあり得ない、という感情的な反発ではなく、冷静に考えても、今の技術の延長線上で万能の機械を生み出せる、などということが考えられないのです。逆に人間の能力は、今よりずっとすぐれたものになる、と信じています。それは、新しいテクノロジーが人間の創造力をさらに大きくしていることを実感しているからです。昔は一部の人にしかできなかった不特定多数への情報発信が、今ではほとんど誰にでもできるものになっています。また、プロでも何でもない人たちが、驚くべきコンテンツを生み出して公開しています。

　インターネットのようなテクノロジーが確かに社会を大きく変えたことが実感できます。これからも、新たなテクノロジーが発明され、人間は試行錯誤しつつ

も、それをうまく使いこなしていくと思います。ですから、人間の能力はこれからも拡張していき、たとえ機械学習が特定の人間の能力を模倣できるようになろうとも、人間はさらに先に行っているだろう、と考えてしまうのです。

　だから、全脳アーキテクチャとか汎用人工知能とかいっている人たちに対して、とても批判的な気持ちになってしまいます。それよりも人間と人工知能がお互いを高め合って、スパイラル状に能力が上がっていくしくみを考えるべきではないかといいたくなります。もし、機械が全能であるからこそ人間をうまく支援して社会をよりよいものにできるのだ、とか考えているならそれは勘違いというものです。自分より明らかにすぐれた存在がいてその判断は自分のものよりはるかに適切である、ということがわかったら、人間は自分で判断を下すことをやめるでしょう。それは人間が自分自身の意思で、自分をより高めることを放棄することです。

　私が心配しているのは、いつか人間が賢くなろうとする努力をやめ、自分以外の存在に依存してしまうことです。「すぐれた者のいうとおりにしているほうが楽だ。自分で責任をとらなくてよいから」と考える人がある程度いるのは仕方がないと思いますが、全員がそう思ってしまうとしたらとてもまずいです。そういう社会は多様性がなくなってしまい、いずれは滅びてしまうでしょう。

　教育者をやっていて私がうれしいと感じるのは、学生たちがどんどん賢くなっていくさまを間近で見ることができるときです。初めから優秀な人もいますが、そういう人はとくに指導しなくても成長していける人が多いです。しかし、最初は頼りなくても何かきっかけを与えられることで驚くほど伸びていく人たちがいます。そういう人たちを見ていると、やはり教育って人を変えるのだな、と強く感じます。

　発展途上だけど、おもしろい技術に満ちあふれている現代は、たとえ突出した才能をもっていなくても、いくらでも新しいことを思いついて試してみて、その成果を社会に向けて発信していけるでしょう。私たちが恐れるべきことは、機械に仕事が奪われることではなくて、十分に創造性を発揮できないまま老いて死んでいくことです。これはいつも自分に対して思っていることです。

　「人間をより賢くする人工知能」。一言でいうと、これが私の研究テーマです。しかしながら、「人間を賢くする」というのはテクノロジーだけでは解決できないだろう、とも思っています。人工知能を教育に導入しようという活動はいろいろ

ありますが、テクノロジーやツールにこだわりすぎると失敗するでしょう。今使えるツールを上手に使いこなせるようになろう、と考えると新しいことがなかなかできません。自分の解きたい問題をうまく解くには機械に何をさせたらいいか、と考えると視野が狭くなります。回り道になるかもしれないけれど、自分や自分の活動に関してデータ化できることはすべてデータ化しよう、データが集まったら分析してみよう、と考えるのはとてもよいことだと思います。人間には気がつかなかった特徴を見つけるのは機械のほうがうまくできるかもしれません。私は、人間と人工知能の共生という観点で、新しい教育の在り方を考えてみたいと思っています。

　最後に、慶應義塾大学出版会の浦山毅さんには、本書の企画・出版に関して大変お世話になりました。この本は私がかなり以前から書きますと言っていたものなのですが、何度も途中であきらめてしまっていたものです。3度目の人工知能ブームに乗せられて、やっと最後まで書くことができました。研究としてはまだまだ続くのですが、中間報告としてはこのくらいでよいのかなと思っています。

　それから、家族のことに少し触れたいと思います。昨年、私の父は88歳の高齢にもかかわらず「21世紀の試練—普遍文明の視点から見た超資本主義と超民主主義」という本を出版しました（父はその1年後に亡くなりました）。政治・経済の観点から、近代国家がこれから直面する試練について語っています。日本という国がどうして今のようになったのか、民主主義とは何なのかなど、いろいろと示唆に富む本です。私はそんな父を見て、自分もなまけていないでやるべきことをやろうと思ったのです。

2017年8月19日　名古屋にて　　　　　　　　　　　　　　長尾　確

参考文献

第1章

1) K. Nagao, K. Kaji, D. Yamamoto, H. Tomobe：Discussion Mining: Annotation-Based Knowledge Discovery from Real World Activities. Advances in Multimedia Information Processing - PCM 2004, LNCS, Vol.3331, pp.522-531, Springer, 2005.

2) T. Schultz, A. Waibel, M. Bett, F. Metze, Y. Pan, K. Ries, T. Schaaf, H. Soltau, W. Martin, H. Yu and K. Zechner：The ISL Meeting Room System, In Proc. of the Workshop on Hands-Free Speech Communication（HSC-2001）, 2001.

3) 久保田秀和，齊藤憲，角康之，西田豊明：会話量子化器を用いた会話場面の記録，情報処理学会論文誌，Vol.48, no.12, pp.3703-3714, 2007.

4) K. Nagao, K. Hasida：Automatic Text Summarization Based on the Global Document Annotation, In Proc. of the Seventeenth International Conference on Computational Linguistics（COLING-98）, pp.917-921, 1998.

5) K. Nagao, K. Inoue, N. Morita, S. Matsubara：Automatic Extraction of Task Statements from Structured Meeting Content. In Proc. of the 7th International Conference on Knowledge Discovery and Information Retrieval （KDIR 2015）, 2015.

6) 井上慧，松原茂樹，長尾確：議事録からの課題発言の抽出と提示，第179回知能システム研究会 情報処理学会研究報告，2015.

第2章

1) K. Nagao, N. Morita, S. Ohira：Evidence-Based Education: Case Study of Educational Data Acquisition and Reuse, In Proc. of the 8th International Multi-Conference on Complexity, Informatics and Cybernetics（IMCIC 2017）, 2017.

2) 森田尚也，大平茂輝，長尾確：研究活動における課題遂行のための知的支援システム，情報処理学会第79回全国大会講演論文集，2017.

3) B. Settles：Active Learning Literature Survey. Computer Sciences Technical Report 1648, University of Wisconsin-Madison, 2010.

4) B. Settles, M. Craven：An Analysis of Active Learning Strategies for Sequence Labeling Tasks. In Proc. of the Conference on Empirical Methods in Natural Language Processing, Association for Computational Linguistics, 2008.

5) D. Lewis, W. Gale：A Sequential Algorithm for Training Text Classifiers. In Proc. of the ACM SIGIR Conference on Research and Development in Information Retrieval, pp.3-12, ACM/Springer, 1994.

6) N. Roy, A. Mccallum：Toward Optimal Active Learning through Monte Carlo Estimation of Error Reduction. In Proc. of the 18th International Conference on Machine Learning（ICML 2001），pp.441-448, 2001.

第 3 章

1) T. Mikolov, K. Chen, G. Corrado, J. Dean：Efficient Estimation of Word Representations in Vector Space. *arXiv preprint*, arXiv:1301, 3781, 2013.

2) T. Mikolov, I. Sutskever, K. Chen, G. Corrado, J. Dean：Distributed Representations of Words and Phrases and their Compositionality. In Burges, C. J. C., Bottou, L., Welling, M., Ghahramani, Z., Weinberger, K. Q.（eds），*Advances in Neural Information Processing Systems*, pp.3111-3119, 2013.

3) 土田貴裕，大平茂輝，長尾確：対面式会議コンテンツの作成と議論中におけるメタデータの可視化，情報処理学会論文誌，Vol.51, No.2, pp.404-416, 2010.

第 4 章

1) K. Nagao：Meeting Analytics: Creative Activity Support Based on Knowledge Discovery from Discussions, In Proc. of the 51st Hawaii International Conference on System Sciences（HICSS 2018），2018.

2) Z. Qu, Y. Liu：Sentence Dependency Tagging in Online Question Answering Forums, In Proc. of the 50th Annual Meeting of the Association for Computational Linguistics, pp.554-562, 2012.

3) R. Barzilay, M. Lapata：Modeling Local Coherence: An Entity-based Approach, Computer Linguistics, Vol.34, No.1, pp.1-34, 2008.

第 5 章

1) K. Kurihara, M. Goto, J. Ogata, Y. Matsusaka, T. Igarashi：Presentation Sensei: A Presentation Training System using Speech and Image Processing, In Proc. of ICMI 2007, pp.358-365, 2007.

2) 栗原一貴，後藤真孝，緒方淳，松坂要佐，五十嵐健夫：プレゼン先生：音声情報処理と画像情報処理を用いたプレゼンテーションのトレーニングシステム，WISS 2006, 2006.

3) 竹内一郎：『人は見た目が 9 割』，新潮新書，2005.

4) 八幡紕芦史：『パーフェクトプレゼンテーション』，生産性出版，1998.

5) 宮野公樹：『学生・研究者のための PowerPoint スライドデザイン』，化学同人，2009.

6) 小林尚弥，大平茂輝，長尾確：聴き手から効果的に指摘を収集しフィードバックを容易にする発表練習システム，情報処理学会第 77 回全国大会講演論文集，pp. 621-622, 2015.

第 6 章

1) 松本茂：『日本語ディベートの技法』，七寶出版，2001.

2) 足立幸男：『議論の論理：民主主義と議論』，木鐸社，1984.

3) 岡本康佑，松原茂樹，長尾確：会議における発言の音響的特徴と言語的特徴に基づく評価，情報処理学会第 78 回全国大会講演論文集，pp.521-522，2016.

4) 横野光，奥村学：テキストの結束性を考慮した entity grid に基づく局所的一貫性モデル，自然言語処理，Vol.17, No.1, pp.161-182，2010.

5) 土田貴裕，大平茂輝，長尾確：対面式会議コンテンツの作成と議論中におけるメタデータの可視化，情報処理学会論文誌，Vol.51, No.2, pp.404-416, 2010.

6) K. Nagao, M. P. Tehrani, J. T. B. Fajardo：Tools and Evaluation Methods for Discussion and Presentation Skills Training, SpringerOpen Journal on Smart Learning Environments, Vol.2, No.5, 2015.

第 7 章

1) 藤本徹：効果的なデジタルゲーム利用教育のための考え方，CIEC 会誌，2011.

2) P. Hägglund：Taking Gamification to the Next Level, Umeä University, 2012.

3) BJ Fogg：A Behavior Model for Persuasive Design, In Proc. of Persuasive 2009, 2009.

4) A. H. Maslow：*Motivation and Personality*, Harper & Row, 1954.

5) M. Csikszentmihalyi：*FLOW: The Psychology of Optimal Experience*, Haper & Row, 1990.

6) W. Li, T. Grossman, G. Fitzmaurice：GamiCAD: A Gamified Tutorial System for First Time AutoCAD Users, In Proc. of UIST 2012, 2012.

7) D. J. Dubois, G. Tamburrelli：Understanding Gamification Mechanisms for Software Development, ESEC/FSE 2013, 2013.

8) 深田浩嗣：『ソーシャルゲームはなぜハマるのか』，SoftBankCreative， 2011.

9) J. McGonigal：*Reality Is Broken: Why Games Make Us Better and How They Can Change the World*, Penguin Books, 2011.［ジェイン・マクゴニガル（著），妹尾堅一郎（監修），藤本徹（翻訳），藤井清美（翻訳），『幸せな未来は「ゲーム」が創る』，早川書房， 2011.］

10) 川西康介，小林尚弥，大平茂輝，長尾確：ディスカッションマイニングへのゲーミフィケーションの導入，デジタルコンテンツクリエーション研究会 情報処理学会研究報告 DCC3-8, 2012.

11) E. L. Deci：Intrinsic Motivation, Extrinsic Reinforcement, and Inequity, Journal of Personality and Social Psychology, 1972.

第8章

1) K. Nagao, N. Morita, S. Ohira：Evidence-Based Education: Case Study of Educational Data Acquisition and Reuse, In Proc. of the 8th International Multi-Conference on Complexity, Informatics and Cybernetics（IMCIC 2017），2017.

2) 森田尚也，大平茂輝，長尾確：研究活動における課題遂行のための知的支援システム，情報処理学会第 79 回全国大会講演論文集， 2017.

3) T. Buzan：*Use Both Sides of Your Brain*, Plume Books, 1990.

4) J. Beel, S. Langer：An Exploratory Analysis of Mind Maps. In Proc. of the

11th ACM Symposium on Document Engineering, pp.81-84, 2011.

5) 杉浦さや，大平茂輝，長尾確：研究活動へのゲーミフィケーションの導入とその評価，情報処理学会第 78 回全国大会講演論文集，pp.703-704，2016.

6) J. Hawkins, S. Blakeslee：*On Intelligence*, Griffin, 2005. ［ジェフ・ホーキンス（著），サンドラ・ブレイクスリー（著），伊藤文英（翻訳）：『考える脳 考えるコンピューター』，ランダムハウス講談社，2005.］

第 9 章

1) J. Weizenbaum：ELIZA — A Computer Program For the Study of Natural Language Communication Between Man And Machine, Communications of the ACM, Vol.9, No.1, pp.36-45, 1966.

2) K. Nagao：Situated Conversation with a Communicative Interface Robot, In Proc. of the First International Workshop on Intelligent Media Technology for Communicative Reality, 2002.

3) A. Cavoukian：Privacy by Design: 7 Foundational Principles, Information and Privacy Commissioner of Ontario, https://www.ipc.on.ca/wp-content/uploads/Resources/7foundationalprinciples.pdf, 2011.

4) R. Kurzweil：*The Singularity Is Near: When Humans Transcend Biology*, Viking Adult, 2005. ［レイ・カーツワイル（著）井上健（監訳）：『ポスト・ヒューマン誕生—コンピュータが人類の知性を超えるとき』，NHK 出版，2007.］

5) J. C. R. Licklider：Man-Computer Symbiosis, IRE Transactions on Human Factors in Electronics, volume HFE-1, pp.4-11, 1960.

6) K. Nagao, J. Rekimoto：Ubiquitous Talker: Spoken Language Interaction with Real World Objects, In Proc. of the Fourteenth International Joint Conference on Artificial Intelligence（IJCAI-95），pp.1284-1290, 1995.

7) M. Weiser：The Computer for the 21st Century, Scientific American, pp.94-104, September, 1991.

【著者紹介】

長尾　確（ながお・かたし）
1987年東京工業大学大学院総合理工学研究科システム科学専攻修士課程修了後、日本アイ・ビー・エム株式会社東京基礎研究所に入所。その後、株式会社ソニーコンピュータサイエンス研究所、米国イリノイ大学アーバナ・シャンペーン校ベックマン研究所などを経て、2001年名古屋大学大学院工学研究科情報工学専攻助教授、2002年名古屋大学情報メディア教育センター教授、2009年名古屋大学大学院情報科学研究科メディア科学専攻教授、2017年名古屋大学大学院情報学研究科知能システム学専攻教授。現在に至る。博士（工学）。

ディスカッションを科学する
人間と人工知能の共生

2018年1月30日　初版第1刷発行

著　者————長尾　確
発行者————古屋正博
発行所————慶應義塾大学出版会株式会社
　　　　　　〒108-8346　東京都港区三田2-19-30
　　　　　　TEL〔編集部〕03-3451-0931
　　　　　　　　〔営業部〕03-3451-3584〈ご注文〉
　　　　　　　　〔　〃　〕03-3451-6926
　　　　　　FAX〔営業部〕03-3451-3122
　　　　　　振替　00190-8-155497
　　　　　　http://www.keio-up.co.jp/
装　丁————辻　聡
組　版————新日本印刷株式会社
印刷・製本——中央精版印刷株式会社
カバー印刷——株式会社太平印刷社

ⓒ2018　Katashi Nagao
Printed in Japan　ISBN 978-4-7664-2493-5